DeepSeek
企业降本增效手册

不　群◎著

中国商业出版社

图书在版编目（CIP）数据

DeepSeek企业降本增效手册 / 不群著. -- 北京 : 中国商业出版社, 2025. 5. -- ISBN 978-7-5208-3354-7

Ⅰ. F275.3-39

中国国家版本馆 CIP 数据核字第 20251QD923 号

责任编辑：杨善红
策划编辑：刘万庆

中国商业出版社出版发行
（www.zgsycb.com　100053　北京广安门内报国寺 1 号）
总编室：010-63180647　　编辑室：010-83118925
发行部：010-83120835/8286
新华书店经销
三河市京兰印务有限公司印刷
*
710 毫米 ×1000 毫米　16 开　9.5 印张　130 千字
2025 年 5 月第 1 版　2025 年 5 月第 1 次印刷
定价：49.80 元
* * * *
（如有印装质量问题可更换）

序言

开启高效管理新篇章

在这个数据浪潮奔涌的时代，企业管理者正面临前所未有的挑战：供应链的复杂性呈指数级增长，组织协同的边际成本居高不下，决策链条在信息茧房中日益迟滞。当传统管理工具在数字化浪潮中逐渐显现疲态，一场由人工智能驱动的范式革命已悄然来临。《DeepSeek 企业降本增效手册》正是这场变革的导航图。它不仅是一套工具指南，更是一部解读未来管理哲学的启示录。

破局，从效率困境到智能跃迁。工业时代沿袭的科层制管理体系，在数字化环境中逐渐暴露出结构性缺陷。某跨国集团的内部调研显示，其高管团队大部分精力耗费在跨部门协调、数据验证等非核心事务上，而仅有少量会议决策能在一周内落地执行。这种低效的根源在于企业运营中存在三类“黑洞”：数据孤岛导致决策盲区，流程断层引发执行损耗，经验壁垒制约创新迭代。DeepSeek 的出现，本质上为企业构建了一个“数字神经系统”。它通过系统化工具将离散的业务数据转化为动态知识图谱；借助自然语言处理技术，将晦涩的报表重构为可交互的决策沙盘；更通过机器学习模型，将历史经验沉淀为可复用的智能工作流。

重构，全场景赋能的管理升维。本书的 32 篇深度解析，构成了企业智能化转型的完整拼图。在供应链领域，DeepSeek 将传统的事后追溯转变为实时预判，通过整合物流轨迹、供应商产能、市场舆情等多维数据，构建出风险预警系数矩阵。在组织协同层面，其智能工作台打破了邮件、会议、审批的线性沟通模式，通过任务自动路由、文档智能校核、会议纪要即时生成等功能，实现了管理效率的显著提高。这种转变不仅体现在效率指标上，更重塑了企业的核心竞争力。

进化，从工具应用到生态共建。本书的价值不止于功能解读，更在于揭示人机协同的进化路径。书中的一个个案例印证了一个趋势：DeepSeek 正在从辅助工具进化为智能决策中枢。当某医疗集团利用其构建的流行病预测模型，提前三个月调整药品储备策略时；当制造企业通过设备 IoT 数据与生产计划的深度耦合，实现零故障预维护时，管理的边界已被重新定义。这种进化不是简单的技术叠加，而是组织认知体系的根本性升级——从“人驱动系统”转向“系统赋能人”的共生形态。

在阅读本书的过程中，我们可以深刻认识到：DeepSeek 带来的不仅是工具革新，更是管理思维的范式革命。它要求管理者具备数据敏感度、流程解构力、生态连接力等新素养。这种认知跃迁，正是高效管理新篇章的核心竞争力。

站在技术革命与管理变革的交叉点，我们比任何时候都更需要清醒地认识：人工智能不会取代管理者，但善于利用 AI 的管理者必将淘汰固守传统的同行。当 DeepSeek 将供应链的蝴蝶效应可视化，当成本模型能够穿透五级供应商的波动影响，当战略决策可以模拟三万种未来情景时——管理的疆域早已突破物理世界的桎梏，在数字孪生的镜像宇宙中孕育着无限可能。那些率先掌握这种能力的企业，正将每场危机转化为重构竞争格局的跳板，在不确定性中锻造出独特的反脆弱体质。当每个决策都有数据洞察支撑，每个流程都被智能算法优化时，我们将开启没有资源错配、没有信息迟滞、没有创新瓶颈的高效管理新篇章。

CONTENTS

目录

第一章

赋能企业管理：AI 思维与 DeepSeek 的完美结合

初识 DeepSeek：了解功能与优势

在数字化时代，企业正面临前所未有的机遇与挑战。数据已成为企业重要的战略资产之一，但对海量数据的处理与分析也给企业带来了巨大压力。传统的数据处理方式已难以满足企业快速发展的需求，因此企业迫切需要一种能够高效处理数据并提供智能决策支持的工具。

DeepSeek 是一款基于人工智能和大数据技术的企业级智能分析平台。其研发团队由来自全球顶尖科技公司的数据科学家和工程师组成，他们深刻理解企业在数据应用中的痛点，致力于为企业提供一站式的数据智能解决方案。

DeepSeek 不仅是一个技术工具，更是企业数字化转型的战略伙伴。通过 DeepSeek，企业能够打破数据孤岛，实现数据的深度融合和智能应用，从而提高运营效率、降低决策成本并增强竞争优势。

DeepSeek 的核心功能可概括为“数据融合、智能分析、决策支持”三大模块。在数据融合方面，DeepSeek 支持多源异构数据的接入与整合，无论是结构化数据还是非结构化数据，都能实现无缝对接。它提供了强大的 ETL（Extract-Transform-Load）工具，可以高效完成数据清洗、转换和加载，显著提高数据准备的效率。

在智能分析模块中，DeepSeek 集成了机器学习、深度学习等先进算法，支持预测分析、聚类分析、关联规则挖掘等多种分析任务。用户无须具备专业的算法知识，仅通过简单的拖曳操作即可完成复杂的分析工作。DeepSeek 还提供自动特征工程和模型调优功能，大大降低了人工智能应用的技术门槛。

决策支持模块是 DeepSeek 的一大亮点。该模块配备直观的可视化界面和交互式分析工具，用户能够轻松创建各类数据看板和报表。DeepSeek 的智能预警系统可实时监控关键指标，及时发现异常情况，并为管理者提供决策建议。此外，DeepSeek 还支持自然语言查询，用户可用日常语言提出问题，系统将自动生成相应的分析结果。

相较于传统的数据分析工具，DeepSeek 展现出显著的优势。首先，其处理效率得到了显著提高。DeepSeek 采用分布式计算架构，能够并行处理海量数据，分析速度较传统工具提高了十倍以上。其次，在易用性方面，DeepSeek 实现了突破性改进。它提供了友好的用户界面和丰富的模板库，使用户能够快速上手操作。在成本控制方面，DeepSeek 采用灵活的订阅模式，企业可以根据实际需求选择功能模块，从而有效避免不必要的支出。此外，DeepSeek 的自动化功能大幅降低了人力成本。据统计，使用 DeepSeek 的企业平均可节省 30% 的数据分析人力投入。最后，DeepSeek 的另一大显著优势在于其强大的扩展性。它提供开放的 API 接口，能够轻松与企业现有系统集成。同时，DeepSeek 支持私有化部署和云部署两种模式，以满足不同企业的安全需求。

在企业中，DeepSeek 的应用场景非常广泛。在市场营销领域，它可以帮助企业进行客户细分、精准营销和营销效果评估。通过分析客户行为数据，DeepSeek 能够预测客户需求，优化营销策略，提高转化率。在供应链管理中，DeepSeek 可以优化库存管理，预测需求波动，提高供应链的响应速度。它还能够分析供应商绩效，帮助企业选择最佳合作伙伴，降低采购成本。在财务管理方面，DeepSeek 具有财务风险预警、成本分析和利润预测功能。它能够自动识别异常交易，防范财务风险，同时提供多维度的成本分析，帮助企业找到降本增效的关键点。在人力资源管理上，DeepSeek 还可以分析员工绩效，预测人才流失，优化招聘策略。

它还能够评估培训效果，帮助企业制订更有效的人才发展计划。

同时，在运营效率方面，DeepSeek 能够自动化处理大量重复性工作，释放人力资源，让员工专注于更高价值的任务。在决策质量方面，它可以提供实时、准确的分析结果，帮助管理者做出更明智的决策。在创新能力方面，DeepSeek 的数据洞察能够激发新的商业思路，帮助企业发现新的增长点。在风险控制方面，其预警系统能够及时发现潜在风险，降低企业运营风险。

从长远来看，DeepSeek 不仅是一个工具，更是推动企业数字化转型的引擎。它能够帮助企业构建数据驱动的文化，提升整体数据素养，为企业的可持续发展奠定基础。通过 DeepSeek，企业可以释放数据的潜力，提高运营效率，增强决策能力，在激烈的市场竞争中占据先机。

在接下来的章节中，我们将深入探讨如何将 DeepSeek 应用于企业的各个业务环节，以实现降本增效的目标。让我们共同开启这段数字化转型的旅程，探索 DeepSeek 带来的无限可能。

传统管理与 DeepSeek 辅助管理的区别

企业管理模式的演进始终与技术进步息息相关。传统管理方式主要依赖人工经验和静态数据分析，而 DeepSeek 辅助管理则通过人工智能和大数据技术，为企业提供了一种全新的管理范式。基于传统管理与 DeepSeek 辅助管理的差异，我们可以从决策方式、效率、成本、风险控制和发展潜力 5 个方面进行系统分析，以揭示数字化管理工具如何重塑企业管理模式。

在传统管理模式下，决策主要依赖管理者的经验和直觉。管理者通常基于有限的样本数据和过往经验做出判断，这种方式容易受到主观偏见的影响。而 DeepSeek 辅助管理则以数据为核心，通过分析海量的历史数据和实时数据，为管理者提供客观、全面的决策支持。

在传统管理模式下，数据的收集、整理与分析主要依赖人工操作，不仅效率低下，还容易出现错误。而 DeepSeek 通过自动化工具显著提高了管理效率。它能够自动完成数据的收集、清洗、分析和可视化，将原本需要数天甚至数周才能完成的工作缩短至几分钟。例如，DeepSeek 可以实时生成财务报表，并自动识别异常数据，从而帮助管理者迅速发现问题并采取应对措施。实时生成的财务报表如图 1–1 所示（由于图片过长，仅截取部分）。

启航公司12月利润单.docx
DOCX 11.79KB

我是一名公司的财务人员，根据公司上个月的利润单，帮我生成一份财务报表。

根据您提供的启航公司2024年12月的利润单，以下是生成的财务报表。

启航公司财务报表

截至2024年12月31日

一、利润表

项目	金额（¥）
营业收入	
主营业务收入	2,000,000
其他业务收入	100,000
营业收入合计	**2,100,000**
营业成本	
主营业务成本	1,200,000
其他业务成本	50,000
营业成本合计	**1,250,000**
营业利润	**850,000**
营业外收支	
营业外收入	30,000
营业外支出	(10,000)
营业外收支合计	**20,000**
利润总额	**870,000**
所得税费用	**(130,000)**
净利润	**740,000**

二、财务分析

1. **营业收入**：公司 12 月的营业收入为 2,100,000 元，其中主营业务收入为 2,000,000 元，占总收入的 95.24%，其他业务收入为 100,000 元，占总收入的 4.76%。

2. **营业成本**：公司 12 月的营业成本为 1,250,000 元，其中主营业务成本为 1,200,000 元，其他业务成本为 50,000 元。

3. **营业利润**：营业利润为 850,000 元，营业利润率为 40.48%（营业利润 / 营业收入）。

4. **营业外收支**：营业外收入为 30,000 元，营业外支出为 10,000 元，净营业外收入为 20,000 元。

5. **利润总额**：利润总额为 870,000 元。

6. **所得税费用**：所得税费用为 130,000 元，税率为 14.94%（所得税费用 / 利润总额）。

7. **净利润**：净利润为 740,000 元，净利润率为 35.24%（净利润 / 营业收入）。

图 1-1　实时生成的财务报表

传统管理模式往往需要大量的人力投入，且由于决策效率低下，容易导致资源浪费。而 DeepSeek 通过智能分析与优化算法，帮助企业显著降低了人力成本和防止资源浪费。数据显示，使用 DeepSeek 的企业平均可节省一大部分运营成本。

在传统管理模式中，风险控制主要依赖事后处理。而 DeepSeek 则通过实时监控和智能预警系统，可以提前识别潜在风险，帮助企业更有效地预防和应对问题。

此外，传统管理模式通常局限于既定的管理框架，难以适应快速变化的市场环境。DeepSeek 凭借持续学习和优化算法的能力，能够动态调整管理策略，从而更好地满足企业在多变市场中的需求。

某家中型机械企业曾凭借传统经验稳居行业前列，却在市场变革中陷入困境。生产计划经理发现，依赖人工经验制订的生产计划与实际需求的误差率常常超过 30%，导致库存积压严重，设备闲置率高达 25%。

引入 DeepSeek 系统后，企业率先打通了销售、库存、供应链等 12 个数据模块，并通过机器学习构建了动态预测模型。系统敏锐地捕捉到某款轴承产品的需求与基建投资指数的强相关性。在将宏观经济数据纳入预测维度后，订单预测的准确率显著提高至 92%。

智能系统的应用直接改变了生产节奏。通过实时分析客户订单变化、原材料价格波动等 37 项关键参数，DeepSeek 能够提前 14 天生成精准的生产排期表。设备利用率由 68% 提高至 83%，半成品库存的周转速度加快了 40%。更为重要的是，当某地突发物流管制时，系统能够在 2 小时内重新规划全国 5 大仓库的调货方案，确保供应链的高效运转。

"现在，每周一打开系统就能看到未来 20 天的精准生产蓝图，"生产计划经理在展示智能看板时说道，"这种预见性使我们从过去疲于救火的状态，转型为掌控节奏的行业标杆。"

传统管理与 DeepSeek 辅助管理的区别，不仅体现在技术的升级，更体现在管理理念和模式的深刻变革上。DeepSeek 通过数据驱动、自动化处理和智能分析，帮助企业实现从经验管理到科学管理、从低效操作到高效优化、从高成本运营到降本增效的转变。在数字化转型的浪潮中，DeepSeek 辅助管理无疑将成为企业提升竞争力和实现可持续发展的关键工具。

深入浅出：如何让 DeepSeek 成为你的智能助手

在数字化管理时代，AI 技术正从辅助工具演变为企业的“第二大脑”。DeepSeek 通过三大核心能力重塑管理范式：实时全景数据感知（自动抓取业务系统、行业数据库、政策文件等多源信息）、动态决策推演（基于业务规则生成多版本行动方案）、智能流程适配（根据执行反馈自动优化管理规定）。这些能力并非旨在取代人类管理者，而是帮助管理者从信息过载和重复劳动中解脱出来，专注于战略判断与创新突破。

第一步：建立管理“神经网络”。将 ERP、CRM、OA 等现有系统与 DeepSeek 对接，类似为组织安装中枢神经系统。在操作过程中，需要完成以下三项关键配置，即在数据治理模块中，勾选需监控的业务指标（如库存周转率、客户投诉响应时长）；在知识库中上传企业制度文件、行业分析报告等非结构化文档；设置跨部门数据权限的分级规则。系统将在 24 小时内完成初始数据建模，并生成可视化的“管理健康度看板”。例如，某制造企业实施后，跨系统数据调用的耗时从日均 3.6 小时缩短至 15 分钟。

初始数据建模如图 1-2 所示（图片由 AI 生成）。

第二步：训练专属管理思维。在决策优化模块中，输入典型管理场景（如新品定价决策或突发性用工短缺应对），并通过“决策沙盘”功能模拟 20 种变量组合的影响。系统将学习管理者在推演过程中的选择偏好，逐步构建符合企业战略

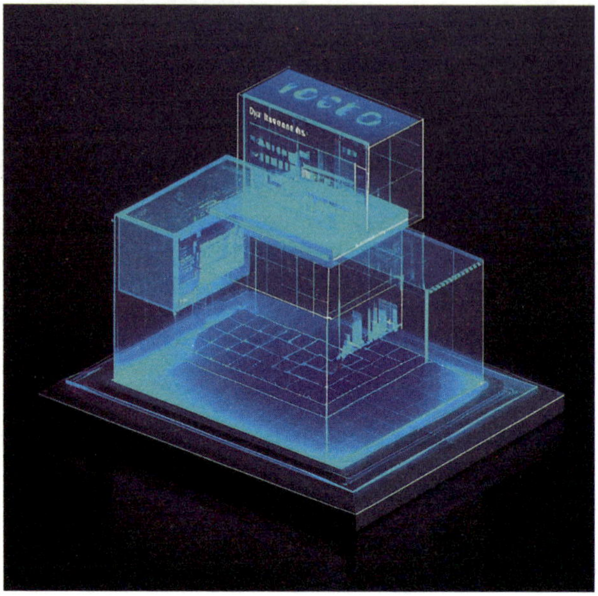

图 1-2　初始数据建模

的决策模型。建议企业每周投入 2 小时对模型进行调优，重点关注以下三类参数：风险承受系数（建议设置在 0.35 ～ 0.65 区间）、决策响应速度权重（制造业建议 0.7，服务业建议 0.5）、创新试错成本阈值（按净利润 5% ～ 8% 设定）。经过三个月的训练，某零售企业的采购决策准确率提高了 42%。

第三步：构建智能管理闭环。启用“动态规则引擎”，将 ISO 体系文件、应急预案等管理制度转化为 456 条可执行算法。当生产出现异常波动且超过预设阈值时，系统会自动触发三级响应机制：初级预警推送至值班主管，中级问题通过发起跨部门协作会议解决，重大风险则直达决策层，同时同步提供备选方案。某物流企业部署该功能后，异常事件的平均处理时长缩短了 68%，跨部门协作会议的频次下降了 40%。此外，管理者可利用“规则有效性分析”功能，每月优化 10% ～ 15% 的低效条款，从而提升整体管理效能。

第四步：培育人机协作生态。在沟通协同模块中启用“智能语境识别”功能，系统能够自动解析邮件和会议录音中的关键信息，生成待办事项并匹配相应的责任人和时间节点。日常会议中，还可启用“决策追溯”功能：当讨论涉及历史项目时，系统能够实时调取相关数据、合同条款及往期会议纪要，为决策提供充分依据。某工程项目团队引入该功能后，周例会效率提高了 55%，任务执行偏差率从 19% 降至 6%。建议设置三类 AI 权限角色：执行助手（负责处理标准化事务）、分析参谋（为决策提供数据支持）、监督审计（负责监控流程的合规性）。

部署 DeepSeek 需避免一些常见的误区：过度追求功能全覆盖，应优先落实采购、生产、客服等数据基础较好的模块；忽视组织适应性培养，建议通过系统内置的“人机协作成熟度评估”制订分阶段培训计划；静态使用系统功能，需建立月度算法优化机制。当 AI 深度融入管理流程后，企业将呈现两类显著变化：基础管理成本下降（源于自动化替代），战略决策质量提升（得益于数据洞察支持）。这种“双螺旋进化”模式，正在重新定义数字化时代的管理竞争力。

某食品加工厂常年受困于原料浪费和物流成本过高。这家生产速冻水饺的老工厂，每天要处理 20 吨猪肉、50 吨蔬菜，但车间总是出现“白菜到货时部分腐烂”“猪肉价格波动时盲目囤货”等问题，每年因此损失超过 300 万元。

引入 DeepSeek 后，工厂在三个环节进行了改造：原料采购端接入全国农产品价格数据库，每日自动生成最优采购清单，避开价格高峰；仓储管理端安装温湿度传感器，实时预警冷链异常，变质损耗率从 8% 降至 1.2%；物流调度端打通周边 300 公里商超的销售数据，动态调整配送路线，车辆空驶率减少 40%。

系统运行 2 个月后，财务主管算了一笔账：原料成本节省了 18%，物流费用下降了 27%，省下的钱足够新建两条自动化生产线。更意外的是，通过分析历史数据，DeepSeek 发现冬季韭菜合格率的波动与本地土壤墒情相关，提前调整采购区域，避免旺季产生原料断供危机。

总之，DeepSeek 作为一款强大的 AI 模型，具有丰富的核心功能和显著的优势。管理者只要掌握正确的方法，就能快速将其融入日常管理工作中，提高团队协作和沟通效率，提升企业的竞争力。

构建 AI 思维：数据驱动决策

在人工智能的快速发展中，数据驱动决策已成为核心理念。无论是在商业领域还是在科学研究中，基于数据的决策已成为企业成功与否的关键。通过精确的数据分析，人工智能可以从复杂的数据信息中提取出模式和规律，从而做出更加精准和高效的决策。

数据驱动决策是指基于历史数据、实时数据以及预测模型的分析结果来进行决策。这种方法区别于传统依赖经验或直觉的决策方式，更注重通过客观、全面的数据分析来减少人为偏差，从而提升决策的科学性和准确性。

随着大数据时代的到来，企业和组织积累了前所未有的数据量，这些数据蕴含着大量有价值的信息。在此背景下，如何快速且高效地处理海量数据并从中提取有用信息，已成为提升决策质量的关键。人工智能技术，尤其是机器学习和深度学习，在这一过程中发挥着不可替代的作用。

数据驱动决策的第一步是获取高质量的数据。DeepSeek 能够从多个数据源自动采集数据，并通过智能算法进行清洗和整合，形成统一的数据视图。数据分析是数据驱动决策的核心环节。DeepSeek 提供多种数据分析方法，包括描述性分析、预测性分析和规范性分析。通过先进的可视化技术，DeepSeek 能够以图表、仪表盘等形式直观地展示复杂的分析结果，帮助管理者快速理解数据背后的含义。

数据驱动决策不仅依赖历史数据的支持，还需要实时数据的监控。DeepSeek

能够实时监控关键业务指标（如销售额、库存水平、客户满意度等），并在出现异常时自动发出预警。这种主动式的监控机制可以帮助管理者及时发现问题并采取行动。

数据驱动决策的最终目标是帮助管理者做出更科学的决策。DeepSeek 通过机器学习模型和预测性分析，能够提供优化建议和决策支持。例如，在市场营销中，DeepSeek 可以根据客户行为数据推荐最有效的营销策略；在供应链管理中，DeepSeek 可以根据市场需求预测优化库存水平。根据某企业实际情况，最终预测结果如图 1–3 所示（由于图片过长，仅截取部分）。

家庭安防摄像头2024年供应...
DOCX 20.63KB

我是一名中型家庭安防摄像头企业的管理人员，以上是我们企业一年内产品的供应清单，请根据市场需求，预测优化库存水平。

根据您提供的家庭安防摄像头供应清单，我们可以从生产、库存、销售和售后等多个维度进行分析，并结合市场需求预测，提出优化库存水平的建议。

1．市场需求分析

从销售数据来看，每月的出货量相对稳定，在 11,000 ～ 14,000 台之间，且每月的生产量也保持在 12,500 台左右。这表明市场需求相对稳定，没有明显的季节性波动。然而，库存周转天数在 18 ～ 24 天之间波动，说明库存管理存在一定的优化空间。

2．库存水平分析

- **库存周转天数：**库存周转天数在 18 ～ 24 天之间波动，平均为 20 天。这意味着从生产到销售的平均周期为 20 天。虽然这个数字在合理范围内，但仍有优化空间。
- **月末库存：**月末库存从 1 月的 6,500 台逐渐下降到 12 月的 1,000 台，表明库存管理在逐步优化，但 12 月的库存水平过低，可能会影响来年的销售。

图 1-3　某企业预测优化库存水平

在某科技公司，创始人一直致力于开发创新的智能家居产品。然而，尽管产品设计独特且质量优秀，但这家公司始终未能在市场上脱颖而出。随着竞争对手的崛起，公司感受到巨大的压力。为找到突破口，创始人引入了 DeepSeek，希望借助其强大的数据分析能力推动公司实现新的增长。

创始人要求团队将公司的客户数据、销售记录、产品反馈以及竞争对手的数据输入系统，以迅速获取有价值的信息。借助 AI 的帮助，这家科技公司能够准确预测市场趋势并优化产品策略。DeepSeek 基于海量数据迅速分析出客户的真实需求。

通过 DeepSeek，该公司能够更加精准地为客户量身定制个性化营销策略。人工智能可以分析每位客户的购买历史和行为习惯，从而推送相关产品。例如，对于购买过智能音箱的客户，系统可能会推荐智能灯泡或智能窗帘等相关产品。这种精准的推荐和广告投放显著提升了客户的参与度和购买率。

传统的库存管理通常依赖经验和历史数据，但由于市场需求变化迅速，难以实现精确预测。而 DeepSeek 的需求预测功能则帮助该公司优化了库存管理。人工智能通过分析市场趋势和历史销售数据，能够预测未来几个月的需求变化，从而确保公司及时调整生产和库存计划，避免库存过剩或短缺的情况。

借助 DeepSeek 对产品评价和客户反馈的分析，该公司能够发现产品中的问题并进行优化，逐步实现从传统企业到科技创新公司的转型。

构建人工智能思维的第一步是实现数据驱动决策。DeepSeek 作为一款强大的人工智能工具，能够帮助企业从数据中挖掘价值，实现科学决策和持续优化。未来，随着人工智能技术的不断发展，数据驱动决策将成为企业成功的标准配置。

第二章

市场制胜：让 DeepSeek 发掘无尽商机

市场洞察一触即发：DeepSeek 的智能分析

在瞬息万变的市场环境中，企业能否迅速捕捉市场趋势并深入理解客户需求，常常成为决定其成败的关键。DeepSeek 是一款由人工智能驱动的智能分析平台，能够通过数据分析帮助企业实时洞察市场动态，快速应对变化，从而在竞争中抢占先机。

在市场洞察方面，DeepSeek 的智能分析大体包含几个步骤。

第一，DeepSeek 能够进行实时数据采集，从多渠道第一时间获取市场数据。随后，将这些采集来的市场数据清洗、整合，确保数据的准确性和一致性。通过深度分析，AI 算法能够挖掘数据价值，并以直观的方式呈现。基于历史数据和趋势，DeepSeek 还能预测市场变化并发出预警。

第二，在使用 DeepSeek 之前，企业需要明确市场分析的目标。例如，了解消费者需求变化，监控竞争对手动态，优化营销策略等。明确目标有助于更有针对性地配置 DeepSeek 的市场分析功能。

第三，DeepSeek 能够通过分析消费者的购买记录、社交媒体行为和搜索历史，揭示消费者的偏好、需求和决策路径。企业可以为 DeepSeek 配置分析参数，如时间范围、指标选择、目标群体等，进行深入的消费者行为分析。消费者分析结果如图 2-1 所示。

香韵坊香薰 .docx
DOCX 21.94KB

我是香韵坊香薰品牌的管理人，我公司 2025 年上市了三款新品香薰，以上是相关数据，帮我以此数据为依据进行消费者分析，以此了解消费者的需求变化。

根据 2025 年香韵坊香薰的销售数据，我们可以从多个维度对消费者需求进行分析，帮助你更好地了解市场趋势和消费者偏好。以下是基于数据的消费者分析：

1. 产品偏好分析

- **绿意柠檬**：销量最高（68,300 瓶），表明消费者对清新、轻快的香气有较高的需求，尤其是在春夏季节。这款产品在 18 ～ 24 岁和 25 ～ 30 岁年龄段中尤其受欢迎，分别占 23% 和 32%。这表明年轻消费者更倾向于选择清新、活泼的香型。

- **梦幻花园**：销量第二（56,200 瓶），主要吸引 25 ～ 30 岁的年轻消费者，占比 38%。这款产品的香型香气适合浪漫和放松的氛围，尤其受到年轻女性的青睐。

- **温暖森林**：销量最低（43,400 瓶），但在 31 ～ 40 岁消费者中占比最高（35%）。这款产品的木质和泥土香气适合秋冬季节，受到家庭和办公室环境的欢迎。

结论：消费者对香薰的需求有明显的季节性差异，春夏季节更倾向于清新香型，秋冬季节则偏好温暖、木质香型。年轻消费者（18 ～ 30 岁）是主要消费群体，尤其是 25 ～ 30 岁人群。

2. 年龄分布分析

- **18 ～ 24 岁**：这一群体对绿意柠檬的偏好最高（23%），表明他们更喜欢清新、活泼的香气。梦幻花园也有一定的吸引力（12%），但温暖森林的吸引力较低（7%）。

- **25 ～ 30 岁**：这一群体是香韵坊的主要消费群体，尤其是对梦幻花园（38%）和绿意柠檬（32%）的偏好较高。他们更倾向于选择浪漫、放松和清新的香型。

- **31～40岁：**这一群体对温暖森林的偏好最高（35%），表明他们更喜欢温暖、沉稳的香气，适合家庭和办公环境。
- **41岁及以上：**这一群体对香薰的需求相对较低，尤其是绿意柠檬的吸引力较弱（11%），他们更倾向于选择温暖森林和梦幻花园。

结论：25～30岁是香韵坊的核心消费群体，尤其是女性消费者。随着年龄的增长，消费者对香薰的偏好从清新、活泼的香型逐渐转向温暖、沉稳的香型。

3．城市销售分析

- **上海：**销售量最高（14,700瓶），表明上海市场对香薰的需求较大，尤其是绿意柠檬和梦幻花园。上海作为一线城市，消费者对高品质、时尚的香薰产品有较高的接受度。
- **北京、广州、深圳：**这些一线城市的销售量也较高，尤其是绿意柠檬和梦幻花园的销量突出。这表明一线城市的消费者更倾向于选择清新、浪漫的香型。
- **成都、杭州、南京：**这些二线城市的销售量相对较低，但绿意柠檬和梦幻花园仍然是最受欢迎的产品。二线城市的消费者对香薰的需求也在逐步增长。
- **西安、合肥：**这些城市的销售量最低，表明这些市场的香薰消费潜力尚未完全释放，可能需要更多的市场推广和消费者教育。

结论：一线城市（如上海、北京、广州等）是香韵坊的主要市场，消费者对清新、浪漫的香型有较高的需求。二线城市和三线城市的市场潜力尚未完全开发，未来可以通过更多的市场推广和产品教育来提升销量。

图 2-1　消费者行为分析

基于 DeepSeek 的分析结果，企业可以制定更科学的市场策略。具体包括以下几个步骤。

洞察报告生成：查看 DeepSeek 生成的分析报告。

根据报告中的洞察，制定或调整市场策略。这包括针对消费者需求变化优化产品功能，以及根据竞争对手动态调整定价或推广策略等。

结合 DeepSeek 基于市场趋势预测，提前布局新产品或新市场。

有市场就有竞争对手。在竞争激烈的市场环境中，了解竞争对手的动态对企业至关重要。DeepSeek 通过实时监测竞争对手的价格变化、营销策略、产品发布等信息，帮助企业准确把握竞争态势，抢占竞争优势。

某快速消费品公司专注于生产和销售日常生活中常见的清洁用品、个人护理产品以及食品饮料。随着市场竞争日益激烈，公司面临着来自新兴品牌和传统大品牌的双重压力。因此，该公司决定通过数据分析工具 DeepSeek，更好地洞察市场变化、分析竞争对手的动态，并快速做出战略调整。

不久前，DeepSeek 平台向该公司提交了一份重要的分析报告。报告中提到某家竞争公司的新品清洁剂发布情况。该竞争公司推出了一款全新的环保型清洁剂，声称能够在去污效果和环保成分方面实现双赢。通过一系列高调的广告宣传，这款产品成功吸引了大量消费者的关注。尤其是在环保和绿色产品日益受到重视的背景下，这款新品迅速赢得了良好的口碑。许多消费者在社交媒体上纷纷给予积极评价，称该产品在清洁效果和气味方面具有明显优势。

然而，DeepSeek 的进一步分析显示，这款产品虽然评价较高，但其定价明显高于市场上的同类清洁剂。与其他竞争对手相比，其价格偏高，这使得许多注重性价比的消费者产生了顾虑。此外，DeepSeek 发现，尽管该产品的环保卖点突出，但高昂的价格令大部分中低收入家庭以及注重日常开支的消费者望而却步。相较之下，不少消费者表示，他们更倾向于选择价格合理且同样具备一定环保功能的清洁产品，而不是为环保溢价支付更高的费用。

通过 DeepSeek 的数据分析，该公司了解到，消费者在选择清洁产品时，除了关注清洁效果和环保成分外，价格仍然是决定购买的核心因素之一。因此，该公司决定以此为契机，推出一款全新的环保型清洁剂，其定价显著低于竞争对手的产品，同时确保产品质量和清洁效果与竞争产品相当，甚至更具优势。

为在竞争中抢占先机，该公司借助 DeepSeek 的社交媒体分析功能，精准把握了消费者在讨论清洁剂时最关注的特点。基于这些数据，公司优化了新品的宣传策略，特别强调了产品的环保成分和超高性价比，以吸引注重环保且对价格敏感的消费者群体。

新品上市后，该公司凭借合理的定价、卓越的清洁效果以及突出的环保性能，迅速赢得了大量消费者的青睐。通过精准的营销策略，公司在短短 2 个月成功夺取了竞争对手相当一部分的市场份额，尤其在价格敏感的中低端市场表现出色。同时，借助 DeepSeek 的实时销售和市场反馈监控功能，公司及时调整推广策略，使新产品在各大零售渠道的销量持续增长。

DeepSeek 通过智能分析，助力企业实现市场洞察的智能化，从而增强市场竞争力。无论是消费者行为分析、市场趋势预测，还是竞争对手分析与品牌声誉管理，DeepSeek 都能提供强有力的支持。将 DeepSeek 融入市场分析工作，企业能够快速、精准地把握市场动态，抓住机遇，规避风险，迈向成功。

DeepSeek 的精准捕捉，从海量数据中提取高价值市场信息

在数据爆炸的时代，企业每天都会产生并接触到海量的数据。然而，这些数据中真正有价值的信息往往被淹没在噪声中。管理者在海量数据中面临极大的挑战，如信息过载与噪声干扰。海量数据中充斥着大量无关或低价值的信息，使管理者难以快速识别关键市场信号。例如，在社交媒体上的评论、客户反馈、市场报告等数据中，真正有价值的信息可能只占很小一部分。数据分析效率低下，耗时长且容易出错，管理者往往需要等待数天甚至数周才能获得分析结果，难以及时响应市场变化。此外，许多企业缺乏高效的工具从复杂数据中提取高价值信息，导致管理者只能依赖有限的数据或经验做出决策，从而增加了决策风险。

为此，如何从海量数据中精准捕捉高价值的市场信息，已成为企业提升竞争力的关键。DeepSeek 是一款基于人工智能和大数据技术的智能分析平台，能够帮助企业高效提取高价值的市场信息，为决策提供有力支持。

DeepSeek 可以对数据进行精准采集与整合，支持多种数据采集渠道，包括社交媒体平台、在线零售商、新闻网站和论坛等多个数据源，自动抓取所需信息。用户可以根据自身的业务需求制定数据采集规则，实现对特定信息的持续监控。用户只需在 DeepSeek 平台上上传相关数据文件，定义关键词、话题标签或竞争品牌，平台即可自动筛选相关数据并进行抓取。此外，还可以设置抓取频率，如每日、每小时或实时更新，从而满足不同场景下的需求。

由于互联网数据通常包含噪声和冗余信息，DeepSeek 能够通过数据清洗算

法去除无用或不相关的数据，从而保留高质量的内容。例如，DeepSeek 可以过滤掉无关的广告信息、垃圾评论或重复数据，使数据集更加精确且可靠。

用户可以通过 DeepSeek 的清洗功能设置筛选条件，如删除低质量评论、去除重复数据、过滤掉无意义的短语或表情符号。此外，借助文本去噪技术，DeepSeek 能够识别并删除包含乱码、标点错误或语法混乱的无效数据。图 2-2 是针对网友评论的提取示例（由于图片过长，仅截取部分）。

品牌鞋子媒体平台评论.docx
DOCX 13.21KB

我是某球鞋品牌的研发人，请根据这份在媒体平台随机选取的网友评论数据，在删除低质量评论前提下，抓取网友对球鞋喜欢的点，以及需要改进的点。

根据这份媒体平台的网友评论数据，以下是抓取出的网友对球鞋喜欢的点以及需要改进的点。

网友喜欢的点：

- **舒适性：**

  @小王不吃香菜：鞋子穿着舒适，减震效果好，减轻膝盖压力。

  @杨羊羊：鞋子重量适中，穿着不会有累脚的感觉，运动时轻便。

  @跑步爱好者 Lucy：鞋面透气性好，长时间穿着不会感到脚闷热。

- **设计时尚：**

  @时尚探客客客：设计时尚，颜色选择独特，适合运动和休闲搭配。

  @Max：外观酷，符合潮流审美，适合球场和街头穿搭。

  @阿木木：设计感十足，适合拍照，显得脚型修长。

- **支撑与稳定性：**

  @阿力：鞋底有支撑感，进行重量训练时脚步稳定性好。

  @篮球小少年：篮球鞋抓地力强，跳跃和急停时稳定，没有滑脚感。

图 2-2 针对网友评论的提取示例

某家成立于 2015 年的时尚品牌，主要面向 18～35 岁的年轻消费者，其产品涵盖休闲装、运动装和时尚配饰。该品牌凭借独特的设计风格和敏锐的市场嗅觉，在成立初期迅速赢得了消费者的青睐。然而，随着市场竞争的加剧和消费者需求的多样化，品牌逐渐暴露出新的问题。

品牌每天都会收到大量的客户评论、社交媒体反馈和市场报告，但这些数据中真正有价值的信息往往被淹没在噪声中。管理者难以快速识别关键市场信号，导致决策滞后。为了提升市场竞争力，品牌的管理者决定引入 DeepSeek，开启精准市场洞察之旅。

品牌管理者明确了市场洞察的目标，即了解消费者对最新一季运动装系列的反馈，并优化产品设计。关键问题包括：消费者最关注的功能是什么？产品的哪些方面需要改进？

管理者将客户评论、社交媒体数据和销售数据传入 DeepSeek，并利用其自动化清洗工具过滤掉无关数据，保留高价值的客户反馈。例如，DeepSeek 自动过滤掉了重复评论和广告信息，确保分析结果的准确性。

利用 DeepSeek 的情感分析和主题提取功能，管理者发现消费者对运动装的舒适性和透气性尤为关注，但对颜色选择的限制感到不满。通过 DeepSeek 的实时监控功能，管理者注意到社交媒体上关于颜色选择的负面评论逐渐增多。例如，在某款运动装的社交媒体评论中，“颜色太少”的提及率在一周内上升了 30%。管理者迅速调整产品设计，增加了更多颜色选项，并推出相关宣传活动，成功挽回了品牌声誉。

引入 DeepSeek 后，该品牌的市场分析能力显著提升。通过分析客户评论和社交媒体数据，DeepSeek 发现消费者对运动装的舒适性和透气性最为关注。品牌据此优化了产品设计，大幅提升了消费者满意度。此外，DeepSeek 预测某款运动装的需求将因季节性因素显著上升，品牌在近期实现了 20% 的销售增长。

DeepSeek 通过智能分析，帮助管理者从海量数据中提取高价值的市场信息，为决策提供有力支持。将 DeepSeek 融入市场分析工作后，管理者能够快速、精准地捕捉市场动态，把握机遇并规避风险。

消费者行为分析：DeepSeek 识别市场需求

在当今的商业环境中，企业面临着日益激烈的竞争和不断变化的消费者需求。为了在市场中保持竞争优势，企业必须深入了解市场需求和消费者行为，并据此制定有效的经营策略。

DeepSeek 在市场需求识别和消费者行为分析中的独特优势主要体现在其强大的数据处理能力和智能分析算法上。平台能够自动收集和整合来自多个渠道的市场数据，如社交媒体、行业报告、电商平台、搜索引擎趋势、企业 CRM 系统等，并运用机器学习算法进行深度分析，从而提供精准的市场洞察和消费者行为预测。

针对消费者行为分析的操作步骤，需要企业明确希望通过消费者行为分析解决的核心问题。例如，目标消费者的核心需求是什么？消费者的购买决策过程是怎样的？哪些因素影响消费者的购买行为？如何提高消费者的购买转化率和忠诚度？明确核心问题后，再转化为可量化的目标。例如，想要提高企业产品的市场占有率 5%；降低客户流失率 10%；提升广告点击转化率 15% 等。

为了得出更精准的分析，我们可以对已有数据进行收集与整合。将企业内部数据（如 CRM 系统、销售数据、客户反馈）导入 DeepSeek 中，再整合外部数据（如社交媒体数据、电商平台评论、搜索引擎趋势）以得到相应数据和推算。

最终生成的结果如图 2-3 所示（由于图片过长，仅截取部分）。

品牌销售清单.docx
DOCX A5.35KB

我是某品牌的一名负责人，请根据这份表格数据，推测出此品牌消费者的购物喜好，并结合 2024 年全品牌购物数据，推算下一季度的爆款产品。

根据提供的销售清单和 2024 年全品牌购物数据，我们可以推测出该品牌消费者的购物喜好，并预测下一季度的爆款产品。以下是一些关键洞察和预测。

1．消费者购物喜好分析

- **服饰类产品受欢迎**：从销售数据来看，服饰类产品的销售数量普遍较高，尤其是男士夹克（P009）和女士风衣（P005）的销售额较高，表明消费者对高品质、高单价的服饰有较强的购买意愿。
- **鞋类产品需求稳定**：运动鞋（P002）和女士运动鞋（P008）的销售表现良好，尤其是运动鞋的单价较高，但依然有不错的销量，说明消费者对舒适、功能性强的鞋类产品有持续需求。
- **配饰类产品表现亮眼**：时尚背包（P004）和旅行箱（P010）的销售额较高，尤其是旅行箱的单价较高且销量不错，表明消费者对高品质、实用性强的配饰类产品有较大兴趣。
- **休闲风格受欢迎**：休闲裤（P003）和运动裤（P007）的销量非常高，尤其是运动裤的销量达到了 300 件，表明消费者对舒适、休闲风格的产品有较强的偏好。
- **线上渠道为主**：大部分销售通过官网、天猫、京东等线上渠道完成，尤其是拼多多在休闲裤和运动裤的销售中表现突出，表明消费者更倾向于通过电商平台购买产品。

2．2024 年全品牌购物数据趋势

- **高品质服饰需求增长**：2024 年数据显示，消费者对高品质、设计感强的服饰需求持续增长，尤其是单价较高的风衣、夹克等产品。

- **运动休闲风持续流行**：运动鞋、运动裤等运动休闲风格的产品在 2024 年表现强劲，预计这一趋势将延续到下一季度。
- **配饰类产品多样化**：消费者对配饰类产品的需求逐渐多样化，尤其是时尚背包和旅行箱等实用性强的产品，预计这一趋势将继续。
- **线上购物习惯巩固**：2024 年数据显示，线上购物渠道（尤其是天猫、京东、拼多多）的销售占比持续提升，消费者越来越依赖电商平台进行购物。

3. 下一季度爆款产品预测

- **男士夹克（P009）**：由于 2024 年高品质服饰需求增长，且男士夹克的销售额较高，预计下一季度男士夹克将继续成为爆款，尤其是通过官网和天猫渠道销售。
- **女士风衣（P005）**：女士风衣的销售额较高，且 2024 年数据显示女性消费者对高品质服饰的需求强劲，预计下一季度女士风衣将继续热销。
- **运动裤（P007）**：运动裤的销量非常高，且 2024 年运动休闲风持续流行，预计下一季度运动裤将继续成为爆款，尤其是在拼多多等电商平台。
- **旅行箱（P010）**：旅行箱的销售额较高，且 2024 年数据显示消费者对实用性强的配饰类产品需求增长，预计下一季度旅行箱将继续热销，尤其是在天猫和京东平台。
- **运动鞋（P002）**：运动鞋的销售表现稳定，且 2024 年运动休闲风持续流行，预计下一季度运动鞋将继续成为爆款，尤其是在天猫和京东平台。

图 2-3　结合消费者购物趋势进行爆款预测

如果数据过于庞大且烦琐，DeepSeek 配备了数据清洗工具，可以去除重复数据和无效数据，并对不同来源的数据进行标准化处理，确保数据格式的统一。这使我们能够更加直观地为消费者行为数据打上标签，如消费者的年龄、性别、购买频率和偏好群体等，从而实现信息的清晰呈现。

借助上一阶段的推算结果，我们通过使用 DeepSeek 平台，选择了以下关键维度：人口统计信息（如年龄、性别、收入、地域）、行为数据（如购买历史、浏览记录、点击行为）、心理特征（如兴趣、偏好、价值观）以及社交属性（如社交媒体活跃度、影响力）。通过这些维度，我们进一步描绘出了产品的“消费者画像”，并据此将消费者细分为不同的群体（如高价值客户、潜在客户、流失客户）。随后，我们对各类消费者的行为进行了深入分析。

齐某创立了一家专注于时尚和潮流产品的电商平台。尽管拥有丰富的产品线，但始终未能突破市场的增长瓶颈。尽管公司内部掌握了大量消费者数据，但在如何解读这些数据并制定精准营销策略方面，始终存在难题。2025 年伊始，齐某得知了 DeepSeek 平台的存在。这一平台通过集成社交媒体监控、购买行为分析和情感分析等技术，能够精准捕捉消费者的真实需求与市场动态。这让齐某感到非常振奋，因为这正是公司当前面临的最大挑战——如何从海量数据中提炼出关键的市场需求点，从而制定更加高效的决策。

团队学会使用 DeepSeek 后，将其应用于时尚潮流领域的产品预测。DeepSeek 通过其强大的社交媒体监测功能，分析消费者在小红书、微博和各大时尚网站上的讨论话题。平台自动识别出近期流行的趋势和消费者的购买意愿。例如，某种类型的“复古风”卫衣在社交媒体上频繁被提及，尤其是一些知名时尚博主对这一产品的正面评价迅速引起了广泛关注。

通过对这些数据的深度分析，DeepSeek 帮助新潮优选识别出了一个潜在的市场需求：复古风格的穿搭服饰，尤其是在年轻女性消费者群体中有着较强的购买意图。DeepSeek 不仅能提供消费者的情感反馈，还能基于购买历史数据，进一步揭示出哪一类产品最受欢迎，以及消费者的购买动机和偏好。

在获得这一认知后，齐某的团队迅速与供应链和产品研发部门进行沟通，决定加大对复古风格服饰的投入。根据 DeepSeek 的建议，团队还对产品设计进行了优化，将消费者喜爱的细节如颜色、面料和板型融入新款设计中。

不仅如此，DeepSeek 还根据购买行为分析，帮助新潮优选制定了精准的定价策略。平台通过分析类似产品的市场价格以及消费者对价格敏感度的变化，预测出一个最优的价格区间，从而帮助新潮优选在不降低产品质量的前提下，设定了一个既能吸引消费者又能确保盈利的价格。最终，公司在 1 个月内，产品的销量比以往增加了 1 倍，品牌知名度也有了质的飞跃。整个电商平台的月活跃用户增长了 40%，销售额大幅攀升，营销成本却比过去降低了近 20%。

随着消费者需求的不断演变，DeepSeek 的作用越发重要。通过深入挖掘消费者的潜在需求和偏好，企业可以制定更具前瞻性的产品策略，并精准规划市场营销活动，从而提升竞争力和市场占有率。在此过程中，DeepSeek 不仅是识别市场需求的工具，更是企业实现创新驱动、提高客户满意度和保持品牌活力的重要引擎。

DeepSeek 对新兴行业趋势与投资热点的预见

随着全球市场的快速变化，新兴行业和投资热点不断涌现，如何迅速发现这些变化并将其转化为实际的商业机会，已成为企业发展的关键。DeepSeek 作为一种先进的人工智能驱动的预测工具，凭借其强大的数据分析能力，已成为企业识别行业趋势和投资热点的有力助手。

在快速变化的市场环境中，识别新兴行业的趋势是企业保持竞争力的关键。DeepSeek 通过其强大的分析能力，可以帮助我们预见新兴行业的趋势。

通过分析全球范围内的专利数据、科研论文、技术趋势报告等，DeepSeek 能够快速捕捉各个行业内的技术创新动态。

同时，通过监测消费者行为和社会舆情，DeepSeek 能够准确判断消费者需求的变化。

政策和法规的变化常常会对行业趋势产生深远影响。DeepSeek 能够追踪全球范围内的政策变化，识别出哪些政策可能会推动某些行业的发展，哪些政策则可能带来挑战。例如，政府对新能源汽车产业的支持政策可能会促进该行业的快速发展，企业可以借此机会加大在这一领域的投资。对新兴行业趋势分析如图 2-4 所示（由于图片过长，仅截取部分）。

随着环保意识的提升，绿色消费和可持续发展成为全球消费趋势，帮我分析出哪些新兴市场对绿色产品和技术有强烈需求，方便企业在这些领域提前布局。

随着全球环保意识的提升，绿色消费和可持续发展成为主流趋势，新兴市场对绿色产品和技术的需求日益增长。以下是对这些市场的分析及企业布局建议。

一、需求强劲的新兴市场

1．东南亚

- **快速增长的经济和人口**：东南亚经济持续增长，人口年轻且环保意识增强，对绿色产品需求旺盛。
- **政府政策支持**：各国政府积极推动绿色发展，出台政策鼓励绿色投资和技术应用。
- **重点领域**：可再生能源（如太阳能、风能）、电动汽车、绿色建筑、可持续包装、废物管理和生态旅游。

2．印度

- **庞大人口和快速城市化**：印度人口众多，城市化进程加快，对清洁能源、可持续交通和环保基础设施需求巨大。
- **政府推动绿色发展**：印度政府制定了雄心勃勃的可再生能源目标，并出台政策支持电动汽车和绿色建筑。
- **重点领域**：可再生能源（如太阳能、风能）、电动汽车、绿色建筑、水资源管理和废物处理。

3．拉丁美洲

- **丰富的自然资源和生物多样性**：该地区自然资源丰富，生物多样性高，环保意识逐渐增强。
- **政府政策支持**：许多国家制定了可再生能源目标和可持续发展计划。

图 2-4　对新兴行业趋势分析

DeepSeek 对投资热点也具有精准的预见能力。企业投资决策的成败往往取决于能否精准捕捉到投资热点。DeepSeek 通过对市场趋势、投资动态、企业财务状况等多方面数据的分析，能够帮助企业发现潜在的投资机会。

通过对股市、债市、风险投资等资金流动的监测，DeepSeek 能够快速识别出哪些行业或公司正在吸引大量资金流入，这通常是行业发展的风向标。企业可以利用这些信息，抓住投资机会，确保资源的高效配置。

DeepSeek 不仅能够捕捉到投资热点，还能够识别出哪些行业存在泡沫或过度炒作的风险。通过对市场情绪、资本投入、企业盈利模式等的综合评估，DeepSeek 能够帮助企业避免盲目跟风投资，降低风险。

通过对不同行业间关联性的深度挖掘，DeepSeek 能够识别出跨行业的投资机会。例如，随着 5G 技术的发展，通信、智能硬件、物联网等领域可能出现新的投资机会。企业可以利用这些信息进行跨行业布局，拓展其投资版图。

因此，企业可以将 DeepSeek 的预测结果应用到多个决策场景中：识别未来几年内的潜力市场，提前规划进入时间点和资源投入方向；为企业的研发部门提供数据支持，帮助其判断哪些技术和产品方向将在未来几年内获得市场认可；通过对潜在投资标的的深入分析，DeepSeek 能够帮助企业识别出最具投资价值的公司和技术，辅助其进行并购或战略合作决策。

某科技公司是一家拥有 10 年历史的传统电子制造企业。尽管公司拥有稳定的客户群和一定的市场份额，但随着行业竞争日趋激烈，公司逐渐显现疲态，市场增长陷入瓶颈。面对经济增长放缓和市场需求的变化，公司高层深刻认识到，唯有抓住新兴行业的机遇，才能打破现有困局，实现新的突破。

科技团队充分意识到科技行业瞬息万变，过去的经验已不足以支撑未来的创新需求。为此，他们将 DeepSeek 技术深度融入战略决策的各个环节，旨在精准捕捉未来的新兴行业动态及潜在的投资机会。

在使用 DeepSeek 后，公司团队通过分析平台提供的趋势预测，发现了一个即将爆发的技术领域——“智能医疗”。DeepSeek 通过分析全球健康科技的专利、科研论文、市场需求变化等多维度数据，指出智能医疗在未来五年内将迎来迅猛增长，尤其是在远程诊疗和老龄化社会相关产品方面，市场需求将急剧上升。DeepSeek 的预测还进一步显示，随着 5G 技术的普及，智能医疗设备将成为医疗行业的新亮点。

研发部门立即启动了新项目，专注于开发智能医疗设备，尤其是在远程监控和自动化诊断领域。为了加快研发进度，公司还提出与几家领先的医疗科技初创公司展开合作，这些公司正好处于 DeepSeek 预测的“潜力企业”之列。

与此同时，公司的投资团队也利用 DeepSeek 分析市场资金流动和投资趋势，锁定了智能医疗领域中的几个潜在投资机会。公司不仅要开辟全新的收入来源，而且要转型为一家以科技创新为驱动力的企业。

在新兴行业和投资热点层出不穷的当下，企业若无法及时洞察趋势变化和捕捉投资机会，便可能错失良机。DeepSeek 凭借其强大的数据分析能力和深度学习技术，可以为企业提供精准的行业趋势预测和投资热点识别。企业应充分利用这一工具，将其深度融入战略规划、研发决策及市场拓展等关键环节，以确保在未来的竞争中占据有利地位。

第三章

逆势突围，企业决策者利用 DeepSeek 巧妙克服挑战

精准识别瓶颈：DeepSeek 助力分析企业困境

企业在发展过程中常会面临各种复杂的内外部挑战。在市场环境日益变化、竞争压力日趋加剧的当下，许多企业都会遭遇不同程度的瓶颈。这些瓶颈可能源于内部管理的不足、技术创新的滞后、资源分配的不均或市场定位的模糊。快速而准确地识别这些问题，并采取有效的应对措施，是企业脱颖而出的关键所在。DeepSeek 作为一个基于大数据分析和深度学习技术的智能平台，在一定程度上能够帮助企业精准诊断问题并提供解决方案，从而助力企业化解困境，实现持续发展。

DeepSeek 拥有识别瓶颈的理论框架。识别企业瓶颈的过程需要一个清晰的理论框架。在管理学中，瓶颈理论为识别和突破企业瓶颈提供了系统化的思路，主张企业在运行中始终存在一个限制系统的因素，而这个因素即瓶颈。通过找到并解决瓶颈，企业可以实现更高效的运作。

瓶颈可以分为物理瓶颈（如资源或产能限制、生产线的产能不足）、市场瓶颈（如市场需求不足或产品定位不明确）、管理瓶颈（如决策流程缓慢或组织沟通不畅），以及信息瓶颈（如数据采集、处理和反馈滞后）。

DeepSeek 的运作原理与瓶颈理论紧密相连。通过 DeepSeek，企业可以分析并识别不同类型的瓶颈，精确找到限制公司发展的关键因素，从而为决策者提供科学的依据。

DeepSeek 是如何帮助我们识别瓶颈的？ DeepSeek 依托强大的数据处理能

力，能够协助企业分析海量的运营数据，从中提炼出潜在的瓶颈。具体而言，DeepSeek 通过监测企业各部门的关键数据，如生产周期、销售额、客户反馈、库存情况等，快速识别出异常波动或低效环节。

异常数据波动识别如图 3-1 所示。

露美雅护肤品相关数据.docx
DOCX 19.44KB

这是一份露美雅护肤品品牌的各方面数据统计文件，请帮我识别出不正常的波动或低效环节。

从露美雅护肤品的统计数据中，可以识别出以下几个不正常的波动或低效环节。

1. 生产周期异常波动

- **5 月、6 月、7 月：**实际生产周期显著增加，分别为 45 天、50 天和 40 天，远高于正常的 14 天。这表明生产环节出现了严重的问题，可能是供应链中断、设备故障或生产管理不善导致的。这种异常波动会导致产品交付延迟，影响客户满意度和销售额。

2. 销售额异常波动

- **1 月至 7 月：**销售额逐月下降，尤其是 5 月、6 月和 7 月，下降幅度分别达到 57%、53% 和 75%。这种大幅度的下降表明市场需求急剧减少，可能与产品质量问题、客户投诉增多、广告推广策略失误等因素有关。

原因分析：5 月的客户投诉增多，产品质量和包装问题导致品牌形象下滑；6 月的广告推广策略失误，未能有效吸引消费者；7 月的大规模退货和产品未能满足客户预期，进一步加剧了销售额的下降。

3. 客户反馈异常波动

- **1 月至 7 月：**客户反馈评分逐月下降，从 4.2 分降至 2.8 分，客户投诉数量也从 30 起增加到 180 起。这表明客户对产品的满意度急剧下降，品牌忠诚度受到严重影响。

投诉内容：主要集中在产品质量问题（如过敏反应、保质期问题）、包装设计不符合需求、售后服务不佳等方面。5 月和 6 月的客户投诉数量急剧增加，尤其是 6 月出现了客户集体投诉，表明产品质量问题已经严重影响了品牌形象。

4．库存

- **库存波动**：虽然库存波动不大，但 4 月和 5 月的实际库存与正常库存相比有所下降，尤其是 4 月的库存从 25,000 件降至 22,000 件。这可能与销售额下降和产品积压有关，表明库存管理可能存在一定问题。

总结：

- **生产环节**：5 月、6 月、7 月的生产周期异常延长，导致产品交付延迟，影响了客户满意度和销售额。
- **销售环节**：销售额逐月大幅下降，尤其是 5 月、6 月和 7 月，主要原因是产品质量问题、客户投诉增多、广告推广策略失误等。
- **客户反馈**：客户反馈评分逐月下降，投诉数量急剧增加，表明产品质量和售后服务存在严重问题。
- **库存管理**：库存波动虽然不大，但 4 月和 5 月的库存下降可能与销售额下降和产品积压有关，库存管理需要进一步优化。

建议：

- **优化生产管理**：排查生产周期延长的原因，可能是供应链、设备或管理问题，确保生产周期恢复正常。
- **提升产品质量**：针对客户投诉中的质量问题（如过敏反应、保质期问题等），加强质量控制，确保产品符合标准。
- **改进售后服务**：提升客服响应速度和服务质量，减少客户投诉，提升客户满意度。
- **调整广告策略**：重新评估广告推广策略，确保能够有效吸引目标消费者，提升品牌形象。

图 3-1　异常数据波动识别

在许多情况下，瓶颈并非突然出现，而是早有征兆。DeepSeek 不仅能够对现有数据进行深度分析，还可以通过预测市场趋势，帮助企业提前识别潜在的瓶颈。例如，通过跟踪行业技术发展动态，DeepSeek 可以帮助企业判断是否存在技术创新的瓶颈。再如，通过分析客户需求趋势，DeepSeek 能够协助企业判断其产品或服务是否面临市场适应性的瓶颈。

DeepSeek 的另一个强大功能是跨领域的数据整合。企业的瓶颈往往不仅存在于某一个单独的部门或环节，还是多个因素的交集。DeepSeek 能够将不同领域的数据，如生产、销售、市场、财务等进行整合，通过多维度的分析，帮助企业看清整体运作中的矛盾。例如，如果销售增长停滞，但生产部门的产能尚未达到饱和，DeepSeek 可以帮助企业发现市场推广策略的问题，或者客户需求的变化，从而从根本上找出瓶颈。

某中型物流公司成立十年来，凭借高效的配送服务和优质的客户关系，迅速在国内市场打下了坚实的基础。随着市场的快速扩张，该物流公司开始遇到了一些发展瓶颈。

该物流公司面临着运输路径规划和配送效率的双重压力。尽管公司拥有大量的配送车辆，但缺乏有效的调度系统和精准的路线规划，配送效率逐渐下降，导致订单延误和客户投诉的增加。

同时，仓储管理和配送资源也出现了分配不均的情况。部分地区的配送需求过大，导致仓库堆积过多未分配的货物，而其他地区则出现配送短缺。由于仓储和运输的资源调配不够智能化，造成了许多资源的浪费和额外成本。

面对这些瓶颈，公司引入了 DeepSeek。DeepSeek 通过分析公司大量的运营数据，精准识别出瓶颈所在，并利用其强大的大数据分析能力，对公司的配送路线进行了全面优化。它综合分析了历史数据、天气变化和交通状况等因素，为公司设计出更加高效的路线规划，从而减少了配送延误和空驶现象。

此外，DeepSeek 将协助公司搭建一套智能化资源调度系统。该系统能够根据实时订单需求、仓储容量和运输资源，自动调整各地的配送资源。通过这一系统，公司将实现库存的动态分配，避免资源积压与短缺问题。

在 DeepSeek 的支持下，公司还将投资建设智能调度系统，用于自动化分配运输资源，减少人工干预，提高运输效率。该系统能够实时监控运输进度，并在出现延误时及时调整路线或调用备用车辆，从而确保货物能够按时送达。

借助建立在 DeepSeek 技术上的智能分析工具，公司将实现仓储资源的动态管理。通过实时监控各地仓库的库存情况，系统能够精准预测需求变化，自动调整库存分布，从而有效避免库存积压和运输资源不足的问题。

在面对困境时，企业往往需要依靠精准的工具和系统化的思维来找出根本问题。结合瓶颈理论与 DeepSeek 平台的强大功能，企业可以在复杂的商业环境中清晰识别制约发展的关键瓶颈，并通过数据驱动的决策优化，迅速突破困境，实现新的增长阶段。DeepSeek 不仅是一个数据分析工具，更是帮助企业提高决策效率、优化资源配置以及增强市场竞争力的重要助力。

数据驱动的危机管理：DeepSeek 快速评估现状

危机管理是企业在面对突发事件或不利局势时采取的一系列措施，旨在保护公司声誉、维持运营并减少损失。随着信息技术的不断发展，传统的危机管理正逐步向数据驱动的管理模式转型。借助实时数据、人工智能（AI）和机器学习（ML）等技术，企业能够更加高效、精准地识别、评估并应对危机，为应对挑战提供强有力的支持。

通过定制开发，DeepSeek 可以作为一款先进的数据分析与评估工具使用，该工具能够帮助企业迅速评估危机现状，并通过数据驱动的决策支持系统提供高效的应对策略。借助实时数据分析、预测模型和决策支持技术，DeepSeek 协助企业降低风险、优化资源配置，并全面提升危机应对能力。

在 2025 年复杂的商业环境中，企业危机呈现突发性（如地缘冲突引发断供）、关联性（单一事件触发多环节连锁反应）、模糊性（数据噪声掩盖核心矛盾）三大特征。传统的危机管理依赖高管经验与部门汇报，存在响应滞后（平均决策延迟 48 小时）、归因失真（75% 的企业误判危机根源）、资源错配（60% 的应对措施未触达关键节点）等致命缺陷。

DeepSeek 通过三项技术重构危机管理范式。

动态数据中枢：整合 ERP、舆情监测、IoT 设备等 15 类数据源，建立危机特征指标体系（如供应链危机涵盖原材料库存波动、物流延迟率、供应商舆情指数等 32 个维度）。

因果推理引擎：运用贝叶斯网络与反事实分析，识别关键路径（例如，某汽车厂商发现芯片短缺影响的真实传导链是生产停滞→经销商现金流断裂→客户订单取消，而非普遍认为的产能下降）。

沙盘推演系统：模拟 200 多种应对方案效果，量化选择 ROI 最高的策略。

企业管理人员可以通过 DeepSeek，掌握数据底座的三步建立方法。

第一步：将 Excel/CSV 等格式的销售、供应链、财务数据上传至 DeepSeek，进行多源数据整合。

第二步：对关键指标进行清洗，使用“数据清洗”功能自动去重、修正错误。例如，可以给 DeepSeek 一份材料，要求统一货币单位、补全缺失值等。操作指令可输入“清洗 2024 年采购数据表，标记供应商交货延迟超 30 天的记录”。

第三步：设置一个预警阈值（如“库存周转率 <2% 时进行预警”或“客户投诉量周环比增长 50% 预警”）对风险特征进行标注。利用 DeepSeek，可以随时监控，提前准备。

为了更全面地进行危机管理，还可以采用现状评估四步法。可以用 DeepSeek 对核心指标进行诊断。例如，将相关数据传入 DeepSeek，在对话框中输入指令“分析这份销售数据，对比各区域退货率，找出异常波动原因”。生成结果如图 3-2 所示。

2023 年销售区域数据 .XLSX
XLSX 10.39KB

我是一家科技公司的负责人，请帮我分析这份销售数据，对比各区域退货率，找出异常波动原因。

根据 2023 年各区域销售数据的分析，退货率存在显著差异。以下是关键发现及建议。

1. 退货率异常区域识别

- **最高退货率：**西北（6.8%）、西南（5.2%）
- **最低退货率：**华北（1.5%）、华东（2.1%）
- **行业参考基准：**通常科技类产品退货率在 3% ～ 5%，西北、西南明显超出合理范围。

2. 异常波动原因分析

（1）西北（退货率 6.8%）

- **关联指标：**
  - 年度目标完成率最低（58%），客户满意度 3.7 分；
  - 产品为“户外运动装备”，单价较高（1,200 元）。
- **可能原因：**
  - 需求不匹配：高单价产品在西北市场可能定位不准（如气候、消费习惯差异）；
  - 售后支持不足：高退货率反映售后或产品说明需进一步优化。

（2）西南（退货率 5.2%）

- **关联指标：**
  - 物流时效 5 天（高于平均），客户满意度 3.9 分；
  - 产品“智能教育硬件”单价较高（1,280 元）。
- **可能原因：**
  - 功能复杂性：智能硬件操作门槛高，用户因使用困难退货；
  - 物流与安装服务：配送慢或缺乏配套安装指导。

图 3-2　退货率异常及波动的原因分析

此外，还可进行风险传导推演。通常情况下，可以按照以下提问模板进行操作：“若华南暴雨导致 A 供应商断供，对我司产能和客户交付的影响概率如何？”

DeepSeek 能够进行资源缺口测算。例如，上传人力、设备清单后，可以提问：“在当前产能下，应对突发性订单增长 20% 需要增加多少班次？”

最后是应急预案的生成。指令示例："根据近 3 年的客户投诉数据，生成产品质量危机的分级响应流程。"企业还可以根据自身需求，提出更多定制化的要求。

DeepSeek 生成的结果如图 3-3 所示（由于图片过长，仅截取部分）。

2021—2023 年客户投诉数据 ...
XLSX 10.62KB

请根据我司近三年客诉数据，生成产品质量危机的分级响应流程。其中还包含"48 小时响应机制""赔偿标准决策""公关话术模板"的完整方案。

产品质量危机分级响应流程

1. 危机分级标准

根据客户投诉的严重性、影响范围和重复投诉率，将产品质量危机分为三个等级。

- 一级危机：重复投诉率 > 0.2，客户满意度 < 3.5/5.0，投诉解决率 < 0.8。
- 二级危机：重复投诉率 0.1 ～ 0.2，客户满意度 3.5 ～ 4.0/5.0，投诉解决率 0.8 ～ 0.9。
- 三级危机：重复投诉率 < 0.1，客户满意度 > 4.0/5.0，投诉解决率 > 0.9。

2. 48 小时响应机制

（1）一级危机

- 立即响应：在接到投诉后 2 小时内，由高级客户服务经理联系客户，了解详细情况。
- 紧急会议：在 4 小时内召开跨部门紧急会议，包括产品、售后、公关和法律团队。
- 初步解决方案：在 24 小时内提供初步解决方案，并在 48 小时内确认最终解决方案。

（2）二级危机

- 快速响应：在接到投诉后 4 小时内，由客户服务主管联系客户。

- 内部评估：在 12 小时内进行内部评估，确定问题根源。
- 解决方案：在 48 小时内提供解决方案并开始实施。

（3）三级危机

- 标准响应：在接到投诉后 8 小时内，由客户服务代表联系客户。
- 问题记录：在 24 小时内记录问题并反馈给相关部门。
- 解决方案：在 48 小时内提供解决方案。

图 3-3　产品质量危机分级响应流程

某科技公司是一家专注于软件开发的企业，在行业内具有一定的知名度和市场份额。然而，近期公司面临着一系列危机，包括项目进度延迟和客户满意度下降。

该公司的管理层意识到危机的严重性后，决定利用 DeepSeek 进行数据驱动的危机管理。他们通过 DeepSeek 收集了客户反馈数据以及公司内部的项目进度数据、员工绩效数据等。

在数据分析阶段，DeepSeek 发现员工绩效数据存在问题，技术骨干的离职对项目进度产生了较大影响，尤其是几个关键项目的进度严重滞后。

基于这些分析结果，DeepSeek 评估了危机的严重程度，认为市场竞争和人才流失对公司的影响较大。如果不及时采取措施，公司的业绩可能会进一步下滑。同时，DeepSeek 发出了预警信号，提醒管理层尽快制定应对策略。

根据 DeepSeek 的决策支持，该公司的管理层制订了应对方案。公司决定提高员工的福利待遇，改善工作环境，加强员工培训和职业发展规划，以吸引和留住优秀人才。

该公司的企业管理人员按照制订的应对方案进行了实施，并利用 DeepSeek 对实施效果进行了实时监测和评估。经过一段时间的努力，公司的市场份额逐渐稳定，项目进度也得到了有效改善，客户满意度有所提高。通过数据对比，企业管理人员发现利用 DeepSeek 进行危机管理取得了显著效果。

在危机管理中，数据驱动的决策能够显著提高企业的应对能力。及时的数据分析和决策能够帮助企业在危机中找到出路，甚至转危为安。

企业管理人员可以利用 DeepSeek 及时发现危机的早期迹象，准确评估危机的严重程度和影响范围，制定出科学有效的应对策略。某科技公司的案例充分证明了 DeepSeek 在危机管理中的重要作用。在未来的企业发展中，企业管理人员应充分认识到数据驱动危机管理的重要性，积极利用 DeepSeek，提高企业的危机管理能力，保障企业的持续健康发展。

高效评估风险与回报：DeepSeek 助力精准决策

风险是指在特定情况下和特定时期内，某一事件的实际结果与预期结果之间的差异程度。在企业经营中，风险可能来自市场波动、政策变化、竞争对手的行动以及内部管理不善等多个方面。回报则是指企业在投资或经营活动中所获得的收益，包括利润、市场份额的增加、品牌价值的提升等。

一般来说，风险与回报呈正相关关系，即高风险往往伴随着高回报，低风险则通常对应低回报。然而，这种关系并非绝对。企业管理者需要在风险与回报之间找到平衡点，以实现企业价值的最大化。

精准评估风险与回报能够帮助企业管理者做出更加科学、合理的决策。通过准确识别风险，企业可以提前采取措施进行防范与控制，降低潜在损失的可能性。同时，通过合理预期回报，企业能够选择最具潜力的投资项目和经营策略，提高资源利用效率，从而实现可持续发展。DeepSeek 能够深入分析市场、行业动态以及企业内部数据，为管理者提供全面而准确的信息，帮助其有效权衡风险与回报，从而做出精准决策。

为何企业需要智能决策工具？我们以一家面包食品公司应对面粉涨价危机为例来说明。

在传统企业做决策时，企业通常会遇到三大难题：数据太多，眼花缭乱；市场行情、政策变化、内部成本等数据分散在各部门，人工汇总需要 3 ～ 5 天；风险难以估算，如针对面粉价格的上涨，采购部想囤货，财务部担心资金占用，老板难以权衡，决策总是慢半拍，等开会讨论出结果，市场机会早已消失。

DeepSeek 可以轻松解决这些问题。它能够在几秒内生成决策报告，自动抓取全球期货价格、天气预报、行业政策等 200 多个数据源；还能用“风险温度计”量化危机，把抽象的风险转化为具体数字（如“涨价风险 85%”）；为企业推荐多套备选方案，直接告诉企业的“最优解”“保底方案”“高风险高回报方案”等。

企业的具体操作可分为四个步骤，使思维从混乱变得清晰。

第一步，连接数据。我们需要打开 DeepSeek 平台，将需要分析的数据进行上传，如市场数据——小麦期货价格、国内面粉厂库存量；行业动态——澳大利亚干旱预警、国家粮食储备政策；内部数据——公司现金流、仓库剩余容量。

第二步，设置关键指标，并在对话框中输入，就可以根据 DeepSeek 的分析厘清思路。目标分析如图 3-4 所示（由于图片过长，仅截取部分）。

面包食品公司现金流（2023...
XLSX 9.92KB

芝加哥小麦期货价格（2023...
XLSX 8.77KB

面包食品公司·行业动态 .docx
DOCX 11.05KB

我是面包食品公司的负责人，现需要你结合三份数据，帮我进行风险评估。我们接下来的主要目标是保证 3 个月生产用料，次要目标是采购成本不超过预算 20%，风险底线是现金流不低于 500 万元。

根据提供的三份数据，我将为您进行风险评估，并结合您的主要目标、次要目标和风险底线进行分析。

1．现金流分析

从面包食品公司现金流数据来看，2023 年 1 月至 9 月的现金流呈现稳步增长的趋势，从 400 万元增长到 560 万元。9 月的现金流为 560 万元，高于您的风险底线 500 万元，表明公司目前的现金流状况良好，能够应对短期内的资金需求。

2．仓库剩余容量分析

仓库剩余容量在 2023 年 1 月至 9 月波动较大，1 月为 500 吨，9 月为 550 吨。7

月的剩余容量降至 400 吨，但 8 月和 9 月有所回升。整体来看，仓库容量能够满足 3 个月的生产用料需求，但需要密切关注容量波动，确保不会因容量不足影响生产。

3. 行业动态分析

- **澳大利亚干旱预警**：2023 年 8 月，澳大利亚气象局发布预警，未来 3 个月主要小麦产区将面临轻度干旱，预计小麦减产 5% ～ 10%。这可能导致全球小麦供应紧张，价格温和上涨。
- **国家粮食储备政策**：2023 年 9 月，国家粮食和物资储备局宣布将维持小麦储备量稳定，并加强市场调控，确保价格平稳。这表明国内面粉供应稳定，价格波动风险较低。

4. 风险评估

- 供应风险：澳大利亚干旱可能导致全球小麦供应紧张，价格上涨。尽管国内政策稳定了小麦储备，但国际市场的波动可能间接影响采购成本。
- 成本风险：如果小麦价格上涨，采购成本可能增加。您需要确保采购成本不超过预算的 20%，因此需要密切关注市场价格波动，并考虑提前采购或锁定价格。
- 现金流风险：目前现金流状况良好，但需警惕未来可能因采购成本增加而导致的现金流压力。确保现金流不低于 500 万元是底线。

5. 建议

- **提前采购**：鉴于澳大利亚干旱可能导致小麦价格上涨，建议提前采购未来 3 个月的生产用料，以锁定当前价格，避免成本上涨。
- **监控市场**：密切关注国际小麦价格动态，及时调整采购策略。
- **优化库存管理**：确保仓库容量充足，避免因容量不足影响生产。可以考虑优化库存管理，提高仓库利用率。
- **现金流管理**：继续保持良好的现金流管理，确保有足够的资金应对可能的成本增加。

图 3-4　面包食品公司风险评估

第三步，我们可以通过模拟推演进一步梳理思路。在对话框中输入想测试的几种方案，具体操作如图 3-5 所示（由于图片过长，仅截取部分）。

针对下一步计划，我有三种方案，请帮我分析三种方案的风险值。
方案一：立刻囤货，现价采购 600 吨面粉，占用资金 300 万元。
方案二：分批采购，本月买 200 吨，下月根据价格再决定。
方案三：更换原料，用 30% 土豆粉替代，但需改造生产线。

针对您提出的三种方案，我将从风险值的角度进行分析，并结合您的目标（保证 3 个月生产用料、采购成本不超过预算的 20%、现金流不低于 500 万元）进行评估。以下是每种方案的风险分析。

方案一：立刻囤货（现价采购 600 吨面粉，占用资金 300 万元）

风险分析

1. 供应风险：低
   - 立刻囤货可以锁定当前价格，避免未来因小麦价格上涨导致的成本增加。
   - 600 吨面粉可以满足 3 个月的生产用料需求，供应稳定性高。
2. 成本风险：中
   - 占用资金 300 万元，对现金流有一定压力，但仍在可控范围内（9 月现金流为 560 万元，扣除 300 万元后剩余 260 万元，接近风险底线 500 万元）。
   - 如果未来小麦价格下跌，可能导致库存成本高于市场价，造成潜在损失。
3. 现金流风险：中
   - 一次性支出 300 万元，会大幅减少现金流，可能影响其他运营支出。
   - 如果未来有其他紧急资金需求，现金流可能面临压力。
4. 操作风险：低
   - 无须改造生产线，操作简单，执行难度低。
5. 风险值评估：中
   - 优点：供应稳定，避免价格上涨风险。

图 3-5　三种方案的风险值分析

第四步，基于 DeepSeek 的分析结果，可以制定相应的决策并付诸实施。

有一家经营了数十年的传统茶馆，一直以经典茶饮和古朴的环境吸引本地老茶客。然而，随着时代的发展，年轻消费者逐渐成为市场的主流，茶馆的生意开始走下坡路。

茶馆老板希望对茶馆进行转型，如引入新式茶饮或打造网红打卡点等，但他又担心投入大量资金后可能得不到回报。一旦转型失败，茶馆多年积累的声誉和资源可能会化为乌有。因此，老板决定借助 DeepSeek 来评估转型的风险与回报。

DeepSeek 对当地茶饮市场进行了全面分析，收集了周边商圈的人流量、不同年龄段消费者的消费习惯以及竞争对手的经营策略等大量数据。通过深入分析，发现年轻消费者对茶饮的需求更加多样化。他们不仅关注口感，还注重茶饮的外观设计、品牌文化以及消费场景的社交属性。然而，目前市场上针对年轻群体的特色茶馆较为稀缺，存在较大的市场空白。

随后，DeepSeek 对茶馆的内部数据进行了系统梳理，评估了茶馆的现有资产、员工技能以及品牌影响力等关键因素。基于这些数据，DeepSeek 为茶馆制订了详尽的转型方案，并对不同方案的风险和回报进行了预测分析。

其中一种方案是小范围试点，先推出几款新式茶饮，并对茶馆的部分区域进行网红风格的改造。该方案投入相对较少，风险较低，但回报的增长可能较为缓慢。另一种方案则是全面转型，一次性推出多种新式茶饮和特色茶点，同时对整个茶馆进行重新装修，打造沉浸式的茶文化体验空间。这种方案虽然投入较大，风险较高，但一旦成功，预期回报将十分可观。

茶馆老板根据 DeepSeek 的分析结果，结合自身的实际情况，最终选择了先进行小范围试点的方案。在试点过程中，DeepSeek 持续监测市场反馈和销售数据，并及时调整策略。随着新式茶饮的推出和部分区域的改造，茶馆逐渐吸引了越来越多的年轻消费者，生意日益红火。

由此可见，在企业决策中，高效评估风险与回报至关重要。企业管理者应重视数据在风险与回报评估中的关键作用，充分利用 DeepSeek 等工具，提升决策的科学性和准确性，以更好地应对未来的挑战与机遇。

战略转型与创新：借助 DeepSeek 寻找突破性商机

随着消费者偏好的变化以及技术的快速发展，企业必须主动适应新的市场环境。未能及时转型的企业可能面临市场份额流失和竞争力下降的风险。而创新则是企业实现持续发展的关键动力。通过不断推出新产品和服务，企业能够更好地满足消费者需求，从而提升市场竞争力。

如今，传统决策模式在多重变量的冲击下逐渐失效。在高管团队依赖有限经验预判市场趋势、部门数据孤岛导致战略盲区，以及静态分析模型难以捕捉非线性变化的背景下，以 DeepSeek 为代表的智能决策系统正成为破解难题的关键——它通过实时数据整合、深度学习推演和动态决策模拟，将企业战略规划从“经验赌局”升级为“精准导航”。

DeepSeek 整合了全球海量数据源，日均处理数以亿计的结构化和非结构化数据；通过时间序列预测算法，还能将战略预判周期延长至 12 ～ 18 个月。同时，该系统构建了动态风险预警模型，能够提前识别多达 83% 的潜在经营风险。

更为重要的是，DeepSeek 具备三大核心赋能场景。

第一，隐性需求洞察，穿透数据迷雾的“商业望远镜”。传统市场调研往往难以跟上真实需求的变化。DeepSeek 通过自然语言处理（NLP）技术，解析社交媒体、专利文献、学术论文等非结构化数据，构建消费者需求演化图谱。

某家电企业利用 DeepSeek 的这一功能，从东南亚社交媒体的讨论中捕捉到“厨房空间社交化”的趋势，提前布局智能交互厨电产品线，在行业整体下滑的情况下实现了 20% 的逆势增长。

第二，在行业边界加速融合的背景下，生态位重构和动态博弈成为关键。DeepSeek 的产业图谱引擎能够实时追踪技术、资本和政策三重变量，并通过其独创的“生态位抢占模型”模拟不同战略选择的长期价值。这包括技术跨界融合的可行性评估、价值链重构的经济性验证以及政策敏感领域的合规推演。

某传统能源集团借助 DeepSeek 模拟了 12 种新能源布局路径，最终选择了“氢能 + 数据中心余热利用”的组合方案，使新业务的投资回报周期缩短了 40%。

第三，组织智能进化，打造“数字孪生型”决策体系。DeepSeek 不仅提供决策建议，更重构企业决策机制。例如，决策脑库建设，将高管经验转化为可迭代的决策参数；动态预警中枢，建立 200 余项核心指标的实时监测矩阵；战略推演工坊，支持多部门协同的虚拟决策实验。

某零售业巨头通过部署 DeepSeek 战略推演平台，使区域经理级决策者能模拟门店转型方案，全国 300 多家亏损门店中 76% 实现了业绩增长。推演示例如图 3-6 所示（由于图片过长，仅截取部分）。

零售企业运营情况报告.docx
DOCX 17.25KB

我是一家零售企业的高管，请根据这份文件帮我推演模拟门店的转型方案，使全国亏损门店扭亏为盈。

根据您提供的零售企业运营情况报告，可以看出企业在 2024 年面临较大的财务压力和运营挑战。为了帮助全国亏损门店扭亏为盈，以下是一个推演的转型方案，涵盖财务优化、运营效率提高、市场策略调整等多个方面。

1. 财务优化

（1）成本控制

- **租金谈判**：对于租金成本较高的门店（尤其是大型综合门店和购物中心店），

尝试与房东重新谈判租金，争取更优惠的租赁条件，或考虑搬迁至租金较低的区域。

- **人力成本优化：** 通过优化排班、引入兼职员工、提高员工效率等方式降低人力成本。同时，加强员工培训，提高服务质量，减少员工流失率。
- **物流成本控制：** 优化供应链管理，减少库存积压，提高库存周转率。考虑与第三方物流公司合作，降低物流成本。

（2）亏损门店的调整

- **关闭严重亏损门店：** 对于单店月亏损额较高且扭亏无望的门店（如部分大型综合门店和购物中心店），考虑关闭或合并，减少不必要的支出。
- **转型为小型社区店：** 将部分大型门店转型为小型社区便利店，降低租金和运营成本，同时更贴近消费者需求。

2．运营效率提高

（1）提高客流量

- **线上线下融合：** 加强线上渠道的布局，推出线上购物平台或与现有电商平台合作，提供线上下单、线下取货或配送服务，吸引更多线上消费者。
- **会员体系优化：** 推出更具吸引力的会员计划，提供专属折扣、积分兑换等福利，增加客户黏性。
- **促销活动创新：** 针对消费者对价格敏感的特点，设计更具吸引力的促销活动，如限时折扣、买一送一等，提高客流量。

（2）提高客单价

- **产品组合优化：** 通过数据分析，优化产品组合，增加高毛利商品的陈列和推广，提高客单价。
- **增值服务：** 在门店内提供增值服务，如免费包装、礼品卡、定制服务等，增加消费者的购买意愿和客单价。

（3）库存管理优化

- **精准库存管理：** 通过大数据分析，预测消费者需求，减少库存积压，提高库存周转率。

图 3-6　推演模拟门店的转型方案

当前，DeepSeek 带来的技术红利具有窗口期，因此企业管理者需把握以下三个关键原则：在战略上保持前瞻性，通过数据洞察提前布局第二增长曲线；在执行上追求快速见效，在最短时间内展现转型成果；在组织上培育敏捷文化，打造持续创新的能力。正如某家成功转型企业的 CEO 所言："不是 DeepSeek 改变了行业，而是率先使用 DeepSeek 的企业重新定义了行业规则。"

某咖啡公司专注于提供高品质的咖啡及相关产品，原本拥有良好的口碑。然而，近年来，随着市场竞争的加剧以及消费者偏好的变化，该公司的销售增长陷入停滞。为了寻求新的突破性机会，公司首席执行官决定借助 DeepSeek 平台推动战略转型。

首席执行官带领团队利用 DeepSeek 对咖啡市场趋势进行了深入分析，发现消费者对健康饮品的关注度正逐步提升，尤其是低糖和无添加剂的产品备受青睐。

此外，DeepSeek 还协助团队整合了过去几年的销售数据，揭示出某些特定咖啡口味在特定季节表现出色，而在其他季节的销量则相对较低。这一洞察促使团队思考如何根据季节变化推出相应的产品，以更好地满足市场需求。

基于对市场趋势和内部数据的综合分析，该公司决定推出一系列健康咖啡饮品，包括低糖和植物基咖啡。这一全新产品线不仅契合市场趋势，还旨在吸引新的消费者群体，进一步拓展品牌的市场覆盖面。

新系列健康咖啡饮品推出后，市场反响热烈，销售额在短时间内实现了显著增长。首席执行官表示，DeepSeek 不仅帮助企业识别了市场机会，还为战略转型提供了数据支持，使企业在竞争激烈的市场中重新焕发活力。

在企业面临困境时，战略转型与创新是实现可持续发展的关键。DeepSeek 能够协助企业挖掘新的商业机会，推动战略转型。这家咖啡公司的做法表明，通过采用数据驱动的方法，企业能够在复杂的市场环境中找到突破性商机，实现创新与发展。

DeepSeek 为企业管理者提供了挖掘新商业机会、推动战略转型与实现创新的有效工具。通过运用 DeepSeek 的数据挖掘、分析预测和知识发现功能，企业可以洞察市场需求，分析竞争态势，探索新的业务领域，从而推动业务模式转型、产品与服务创新以及组织与管理的优化。然而，在实施过程中，企业也可能面临数据质量与安全、技术应用与人才培养、组织文化与变革管理等方面的挑战。因此，企业需要制定相应的应对策略，包括加强数据管理和安全保障，提升技术应用能力和员工素质，营造鼓励创新的组织文化，以确保战略转型与创新的顺利推进。只有通过这些努力，企业才能在激烈的市场竞争中保持竞争力，实现可持续发展。

第四章

数字化降本：用 DeepSeek 优化生产与运营成本

构建精准的成本模型：DeepSeek 助力成本分析

成本模型是对企业各项成本进行系统化分析的工具，旨在揭示成本构成、成本驱动因素及其相互关系。通过成本分析，企业能够识别不必要的开支、优化资源配置，并制定合理的定价策略，从而提高盈利能力。

企业的成本管理如同航海中的导航系统，需要实时定位、动态修正和风险预警。DeepSeek 通过三大核心能力，帮助企业建立科学的成本管控体系。

穿透数据孤岛，实现成本透明化。传统成本核算常因部门数据标准不一导致误差，如采购价、入库价、含税价在多系统中存在偏差。这尤其是中小企业普遍面临的困境：原材料价格波动快、隐性成本难以捕捉、各部门数据“打架”。DeepSeek 的智能数据对齐引擎可自动匹配 ERP、MES、财务系统的异构数据，通过语义解析技术消除字段定义差异，原料成本核算误差率从行业平均 15% 降至 3% 以内。企业只需输入指令，DeepSeek 便可立即生成跨系统数据一致性报告。

DeepSeek 生成的内容如图 4–1 所示（由于图片过长，仅截取部分）。

义务玩具-财务部-含税价.xlsx
XLSX 9.66KB

义务玩具-采购部-发票价格...
XLSX 9.67KB

义务玩具-仓库部-实际到货...
XLSX 9.72KB

我是一家义乌玩具批发企业的负责人，请帮我结合不同部门的三份价格数据，进行整合，计算成本。

为了整合不同部门的三份价格数据并计算成本，我们需要将财务部、采购部和仓库部的数据进行匹配和比较。以下是整合和计算成本的步骤。

1．数据整合

- 将财务部的含税价、采购部的发票价格和仓库部的实际到货价按商品名称进行匹配。确保每个商品名称在三个数据表中都有对应的记录。

2．成本计算

- 采购成本：根据采购部的发票总价计算。
- 实际到货成本：根据仓库部的实际到货总价计算。
- 财务成本：根据财务部的不含税总价计算。

3．差异分析

- 比较采购成本、实际到货成本和财务成本，分析差异原因。

以下是整合后的表格和成本计算。

商品名称	采购数量（件）	发票单价（元/件）	发票总价（元）	到货数量（件）	实际到货单价（元/件）	实际到货总价（元）	含税单价（元/件）	含税总价（元）	不含税总价（元）	差异原因
遥控赛车	5,000	50	250,000	4,800	52	249,600	58.5	280,800	248,495	运输损坏、供应商补货
积木套装	3,000	80	240,000	3,000	80	240,000	90.4	271,200	240,000	无差异
毛绒玩具	4,000	30	120,000	3,900	31	120,900	33.9	132,210	117,000	供应商涨价
益智拼图	2,000	40	80,000	2,000	40	80,000	45.2	90,400	80,000	无差异
电动恐龙	1,000	120	120,000	950	125	118,750	135.6	128,820	114,000	运输损坏、供应商补货

图 4-1　义乌玩具批发价格数据整合分析

动态建模技术应对市场波动。DeepSeek 能够构建分钟级更新的动态成本模型。例如，当原油价格波动时，系统会联动市场多方数据、指数和参数，迅速重构全产业链成本模型。这种能力使企业应对原材料价格波动的决策响应速度提升数倍。

隐性成本挖掘，优化价值链条。DeepSeek 的多维度成本穿透分析模块可自动识别传统核算中遗漏的隐性成本，包括质量成本、时间成本和资金成本等。

某家具厂是一家传统的家具制造企业，主要生产各类实木家具。近年来，随着市场竞争的加剧和原材料价格的波动，企业的成本压力不断增大。为了有效控制成本，提高企业的经济效益，该家具厂决定引入 DeepSeek 进行成本分析。

他们组织各部门收集与成本相关的数据，包括原材料采购数据、生产车间的人工成本数据、设备折旧数据、销售费用数据等。这些数据分散在不同的系统和表格中，格式也不统一。利用 DeepSeek，将这些数据自动收集到一个数据仓库中，并进行清洗和整理，去除重复和错误的数据，确保数据的准确性和完整性。

通过对整理后的数据进行分析，确定了成本模型中的成本要素，包括原材料成本、人工成本、制造费用、销售费用等。同时，找出了影响成本的关键驱动因素，如原材料采购价格、生产效率、销售量等。例如，通过分析发现，原材料采购价格的波动对成本影响较大，而生产效率的提高可以有效降低单位产品的人工成本和制造费用。

使用 DeepSeek 将原材料采购价格、生产效率、销售量等作为自变量，将总成本作为因变量，建立了成本预测模型。通过不断调整模型参数，优化模型结构，提高了模型的准确性和可靠性。例如，经过多次调整后，模型对总成本的预测误差控制在 5% 以内。

最后，该家具厂将构建完成的成本模型应用于实际的成本管理中。通过模型预测不同情境下的成本变化，企业可以提前制定成本控制策略。例如，当预测到原材料价格可能上涨时，企业可以提前与供应商协商，锁定采购价格，或者调整产品结构，以减少对高价原材料的依赖。同时，企业还可以依据模型分析结果，识别成本控制的关键点，如提高生产效率、降低销售费用等，并采取相应措施加以改进。经过一段时间的实践应用，该家具厂成功实现了成本的有效控制，显著提高了经济效益。

构建精准的成本模型是企业开展有效成本分析的核心环节。DeepSeek 作为一款先进的数据分析工具，能够帮助企业深入了解成本结构，识别关键的成本驱动因素，从而实现更高效的成本管理。家具厂的成功案例表明，利用数据驱动的成本分析方法，企业可以在激烈的市场竞争中保持优势。企业管理者应充分认识成本分析在提升盈利能力中的重要作用，善用 DeepSeek 等工具，构建科学的成本模型，以实现更高效的成本控制和资源优化配置。

提高效率，减少浪费：DeepSeek 的创新路径

DeepSeek 能够帮助企业实现精细化管理，提高生产过程的透明度和可控性。通过对生产环节的精准分析，企业可以优化生产流程，合理配置资源，减少不必要的生产环节和资源浪费。DeepSeek 还能够提高企业的决策效率，使企业能够快速响应市场变化，避免因决策失误而造成的资源浪费。

在提高生产效率方面，需要遵循 DeepSeek 的核心理论基础，即数据驱动决策。DeepSeek 通过收集和分析大量的生产数据，帮助企业识别生产流程中的关键环节。数据驱动决策理论强调，企业应基于数据分析结果优化生产流程，减少不必要的环节，从而提高整体效率。此外，精益生产理念也是重要的一环。精益生产强调消除浪费、提高效率。DeepSeek 能够帮助企业识别和消除生产过程中的各种浪费，如过度生产、等待时间和不必要的运输等，从而实现精益生产的目标。

对于 DeepSeek 减少浪费的实践路径，总体上可以分为三步进行。

第一步：识别浪费源。DeepSeek 通过数据分析，能够精准定位生产过程中的浪费来源。例如，通过分析生产线的运行数据，可以发现某些环节效率低下，从而导致资源浪费。企业可以利用这些洞察，有针对性地采取措施，减少浪费。

第二步：优化资源配置。DeepSeek 协助企业更加科学地配置人力、物力和财力资源。通过对历史数据的深入分析，企业能够预测市场需求，从而合理制订生产计划，避免资源的闲置或短缺，提高资源利用效率。示例如图 4–2 所示（由

于图片过长，仅截取部分）。

企业2024年销售与运营数据...
DOCX 22.82KB

请帮我根据这份企业销售与运营数据报告，预测该企业未来的生产需求，分析如何调整生产节奏，减少库存和过剩。

根据这份企业 2024 年销售与运营数据报告，我们可以从以下几个方面来预测未来的生产需求，并分析如何调整生产节奏，以减少库存和过剩。

1．需求预测与生产需求分析

（1）需求趋势分析

- **月度需求趋势**：从 1 月到 12 月，需求量从 10,000 件逐步增加到 15,500 件，呈现稳步上升的趋势。假设这种趋势在 2025 年继续，我们可以预测 2025 年的需求量将继续增长，可能达到 16,000 件至 18,000 件。

- **区域需求分布**：华东地区占据了最大的市场份额（32%），其次是华南（25%）和华北（19%）。未来可以重点关注这些高需求区域的销售情况，确保生产能够满足这些区域的需求。

（2）生产需求预测

- **生产量与需求量的关系**：从 2024 年的数据来看，生产量始终略低于需求量（例如 1 月需求 10,000 件，生产 9,500 件），导致库存量短缺。如果 2025 年需求量继续增长，生产量需要相应增加，但应避免过度生产导致库存积压。
- **生产线利用率**：2024 年生产线利用率从 85% 逐步提升到 100%，表明生产线已经接近满负荷运转。如果 2025 年需求继续增长，可能需要考虑增加生产线或提高生产效率。

2．调整生产节奏以减少库存和过剩

（1）基于需求预测的生产计划

- **动态调整生产量**：根据需求预测，生产量应略高于销售量，但不应过度生产。可以通过更精确的需求预测模型（如季节性调整、市场趋势分析等）来动态调整每月的生产量，避免库存积压。

- **按区域需求生产**：由于华东、华南和华北是主要需求区域，生产计划可以优先满足这些区域的需求，减少其他区域的库存压力。

（2）库存管理优化

- **库存周转率提升**：2024 年的库存周转率从 2.0 次 / 年逐步提升到 3.1 次 / 年，表明库存管理有所改善。未来可以通过进一步优化供应链管理，缩短库存周转时间，减少库存积压。
- **安全库存设定**：根据历史数据，设定合理的安全库存水平，避免因需求波动导致的库存过剩或短缺。例如，可以根据过去 12 个月的平均需求量和标准差来设定安全库存。

（3）生产效率提高

- **降低单位生产成本**：2024 年的单位生产成本从 60 元 / 件逐步降低到 47 元 / 件，表明生产效率有所提高。未来可以通过引入自动化设备、优化生产流程等方式进一步降低生产成本，提高生产效率。
- **灵活生产安排**：可以考虑引入柔性生产系统，根据市场需求快速调整生产节奏，避免因需求波动导致的库存过剩。

图 4-2 生产需求预测与库存优化方案

第三步，提升员工参与度。不仅要关注机器和流程，还要关注员工的参与度。通过分析员工的工作数据，企业可以识别出员工在生产过程中的痛点，进而提供培训和支持，以提高员工的工作效率和满意度。

在实际应用 DeepSeek 的过程中，企业应建立完善的数据收集系统，确保各环节的数据能够实时上传至 DeepSeek 平台。这包括生产设备的运行数据、员工的工作记录以及原材料的使用情况。同时，企业应定期利用 DeepSeek 进行数据分析，以评估生产效率和资源使用情况，及时发现问题并进行调整，每月或每季度进行一次全面的数据审查，确保生产流程始终保持在最佳状态。

对员工进行 DeepSeek 使用的培训尤为重要，帮助员工理解数据分析结果，并在日常工作中灵活运用这些知识。同时，企业应鼓励员工反馈在使用过程中遇到的问题，以便持续优化系统和流程。根据 DeepSeek 提供的数据分析结果，企业还需制订具体的改进计划，明确责任人和时间节点，确保改进措施能够有效落实。

以某科技智造企业为例，该公司专注于智能家居设备的生产和销售。随着市场竞争日益激烈，管理层逐渐意识到提高生产效率和减少资源浪费是企业实现可持续发展的关键。因此，他们决定引入 DeepSeek 这一先进的数据分析工具，以推动企业的精细化管理和持续改进。

该公司组建了一个跨部门团队，负责数据的收集与整合。团队从生产线、仓库、销售以及客户反馈等多个渠道采集数据，并将所有数据上传至 DeepSeek 平台，以确保数据的准确性与一致性。

在数据准备完成后，召开了一次全员会议，明确了企业的关键绩效指标（KPI）。会议中，他们设定了几个主要目标：将生产效率提高 20%，将废品率降低 15%，并将库存成本削减 10%。这些目标被确立为 DeepSeek 分析的重点方向。

数据上传后，DeepSeek 平台开始进行实时监控与深度分析，并生成了一份详细的分析报告。报告显示，生产线中某个环节——组装工序的效率显著低于其他环节，同时废品率也较高。企业团队意识到，这可能是由于工人尚未熟悉新设备所致。

基于 DeepSeek 的分析结果，企业管理层决定采取一系列改进措施。首先，他们安排了针对组装工序的专项培训，帮助工人更好地掌握新设备的使用技巧。其次，企业还引入了精益生产理念，优化了生产流程，减少了不必要的环节。

在实施这些改进措施后，企业的生产效率显著提高。经过一个月的努力，组装工序的效率提高了 25%，废品率降低了 20%。企业管理层对此感到欣慰，但也深知，持续改进才是企业长久发展的关键。

为了确保改进措施的有效性，企业管理层还组织了定期的员工培训，帮助员工深入了解 DeepSeek 的使用方法及意识到数据分析的重要性。他们鼓励员工在日常工作中积极使用 DeepSeek，并及时反馈遇到的问题与建议。通过这种方式，员工的参与感和积极性显著提升，大家都愿意为企业的改进贡献力量。

借助 DeepSeek，企业管理者能够在理论与实践相结合中找到提高效率和减少浪费的创新路径。数据驱动的决策、精益生产理念以及对员工的重视，都是实现这一目标的关键。在未来的竞争中，企业应积极拥抱新技术，不断探索和应用 DeepSeek，以提升自身的竞争力和经济效益。

精细化运营成本控制：DeepSeek 助力降本增效

精细化运营成本控制强调对企业运营过程中每一个环节的细致管理和优化。这不是简单的成本削减，而是通过深入分析成本结构，找出成本产生的根源，采取针对性的措施，在保证产品质量和服务水平的前提下，实现成本的有效降低。精细化运营成本控制涵盖了成本预算、成本核算、成本分析和成本决策等多个方面，是一个系统化的管理过程。

DeepSeek 具有强大的数据分析能力，与精细化运营成本控制的需求高度契合。借助 DeepSeek，企业能够实时收集并分析运营过程中各类成本数据，准确掌握成本的动态变化。同时，DeepSeek 可以对成本数据进行多维度分析，挖掘成本与业务活动之间的内在联系，从而帮助企业发现潜在的成本节约点。此外，DeepSeek 还通过预测模型对未来成本趋势进行预测，为企业提前制定成本控制策略提供有力支持。

在成本分析与挖掘方面，DeepSeek 能够对成本结构进行深入解析。企业可以利用 DeepSeek 分析成本数据，全面了解自身的成本结构。通过对各项成本的占比及变化趋势进行分析，企业可以找出成本的主要构成部分及变化原因，从而为成本优化提供可靠依据。指令示例如图 4-3 所示（由于图片过长，仅截取部分）。

企业2023年成本数据报告.d...
DOCX 19.69KB

这是一份企业2023年成本数据报告，请帮我分析原材料成本、人工成本、制造费用等在总成本中的占比，以及它们在不同时间段的变化情况。

根据这份企业2023年成本数据报告，我们可以从以下几个方面分析原材料成本、人工成本和制造费用在总成本中的占比及其变化情况。

1. 年度成本构成分析

从年度成本构成来看:

- **材料成本:** 4800万元，占总成本的55%。
- **人工成本:** 2100万元，占总成本的24%。
- **制造费用:** 1800万元，占总成本的21%。

总结: 材料成本是企业最大的成本支出，占总成本的一半以上，其次是人工成本和制造费用。

2. 月度成本变化分析

从月度成本数据来看，材料成本、人工成本和制造费用都呈现逐月上升的趋势。

- **材料成本:** 从1月的300万元逐步增加到12月的520万元，增长了73.3%。
- **人工成本:** 从1月的150万元逐步增加到12月的205万元，增长了36.7%。
- **制造费用:** 从1月的100万元逐步增加到12月的155万元，增长了55%。

总结: 材料成本的增幅最大，其次是制造费用，人工成本的增幅相对较小。这表明企业在2023年可能面临原材料价格上涨或生产规模扩大的情况。

3. 材料成本明细分析

从材料成本明细来看:

- **原材料A和B:** 分别占材料成本的42%，是主要的材料支出。
- **辅助材料和包装材料:** 各占4%，占比相对较小。
- **其他材料:** 仅占1%，影响较小。

图4-3 企业成本占比与波动趋势

在成本驱动因素分析中，DeepSeek 能够深入挖掘成本与业务活动之间的关系，识别影响成本的关键驱动因素。例如，DeepSeek 可以分析生产产量、销售订单数量、设备利用率等因素对成本的具体影响。通过识别这些驱动因素，企业可以采取有针对性的措施，优化业务流程，从而有效降低成本并提高运营效率。

利用 DeepSeek 建立成本预测模型，可以对未来的成本趋势进行科学预测。通过输入相关的业务数据和市场信息，模型能够生成不同情境下的成本变化预测结果。同时，企业还可以利用其模拟功能，对多种成本控制策略进行模拟分析，评估各策略的实际效果，从而选择最优方案。

根据成本分析结果，结合企业的战略目标与市场需求，可以制定更加明确的成本控制目标。这些目标应当符合“具体、可衡量、可实现、相关联、有时限”（SMART）原则。例如，企业可通过 DeepSeek 输入指令：“如何在未来一年内实现原材料成本降低 10% 的目标。”

针对不同的成本项目和成本驱动因素，应设计相应的成本控制策略。这些策略可能包括优化采购流程、提高生产效率、降低库存水平以及严格控制费用支出等。例如，可以通过与供应商谈判降低原材料的采购价格，或者通过优化生产工艺提高设备利用率，从而有效降低总体成本。

将成本控制策略转化为具体的实施措施，并分解落实到各个部门和岗位。在实施过程中，应加强监督与管理，确保各项措施得到有效执行。同时，应建立健全反馈机制，及时收集并分析成本控制的实际效果数据，以便对策略进行动态调整和优化。

某服装品牌以设计和生产时尚女装著称，曾凭借独特的设计风格与精湛的制作工艺在市场上赢得众多消费者的青睐。然而，随着时尚潮流的快速更迭、原材料价格的波动、人力成本的上升以及同行竞争的加剧，企业的发展逐渐陷入困境，利润空间不断被压缩。为摆脱困局，该服装品牌决定引入 DeepSeek 技术，开启精细化运营成本控制的新篇章。

该企业成立了一个跨部门的项目小组，成员涵盖财务、设计、采购、生产和销售等各个环节的专业人员。他们的首要任务是全面收集企业运营过程中的各类数据。财务部门提供了详细的成本报表，包括原材料采购费用、员工工资、场地租赁费用等；设计部门分享了设计流程中的时间成本和创意投入；采购部门提供了面料和辅料的供应商信息及采购价格波动情况；生产部门提供了生产线上的工时消耗和次品率等数据；销售部门则提供了市场需求、产品定价和销售渠道成本等信息。这些数据被整合到一个统一的数据平台，为后续的分析提供了丰富的素材。

借助 DeepSeek 的强大数据分析能力，项目小组对企业的成本结构进行了深入剖析。他们发现，原材料成本在总成本中占据了相当大的比例。此外，时尚潮流变化迅速，库存积压导致的成本浪费问题也十分严重。同时，生产过程中的次品率和工时消耗对成本产生了较大的影响。

针对原材料采购成本问题，项目小组利用 DeepSeek 建立了市场趋势预测模型。该模型综合考虑了时尚潮流趋势、原材料市场供需关系、季节因素等多方面信息，能够较为准确地预测不同面料和辅料的需求和价格走势。基于此，采购部门调整了采购策略，与供应商建立了更灵活的合作关系，根据预测结果合理安排采购量和采购时间，避免了盲目采购和库存积压。同时，利用 DeepSeek 对库存进行实时监控，实现了库存的精准管理。

在生产环节，项目小组对生产流程进行了全面梳理。通过分析生产数据，他们发现了一些导致次品率高和工时消耗大的关键环节。于是，企业对生产工艺进行了优化。经过一段时间的努力，该服装品牌的成本控制取得了显著成效。

精细化运营成本控制是企业提升竞争力的重要手段，而 DeepSeek 为企业实现这一目标提供了强大的技术支持。通过数据收集与整合、成本分析与挖掘、成本控制策略制定与实施以及绩效评估与持续改进等实际操作步骤，企业可以充分发挥 DeepSeek 的优势，实现精细化运营成本控制，助力降本增效。

利用 DeepSeek，实现前瞻性成本管理

前瞻性成本管理是指企业在制定成本控制策略时，不仅关注当前的成本状况，还需对未来的成本变化趋势进行预测与分析。通过综合考量市场动态、客户需求和供应链变化等因素，企业可以更有效地制定预算、优化资源配置，从而实现更高的经济效益。

企业实施前瞻性成本管理能够显著增强抗风险能力。在市场环境复杂多变的情况下，原材料价格波动、政策法规调整等因素可能对企业成本造成影响。前瞻性成本管理可以帮助企业提前做好应对准备，降低不确定性带来的冲击。同时，它还能提高资源配置效率，通过提前规划成本，使企业能够更合理地分配资源，避免浪费和闲置，从而提高资源利用效率。此外，前瞻性成本管理还能够促进企业战略的实现。作为企业战略的重要组成部分，它为战略决策提供准确的成本信息，确保战略目标得以顺利达成。

在此背景下，学会利用 DeepSeek，可以轻松实现前瞻性成本管理。在不确定性加剧的市场环境中，企业的成本管理模式正在从“事后控制”向“事前预判”转变。DeepSeek 通过动态资源配置、数据驱动决策和闭环优化机制，构建了“预见问题—模拟方案—实时调整”的前瞻性管理体系。借助 AI 技术，企业能够实现成本管理的“主动进化”。

传统成本管理通常聚焦于“费用发生后如何压缩”，而前瞻性管理则更注重通过风险和机会的预判，提前优化资源配置。其核心理论可以分为三个层次。

一是动态资源配置理论。企业的资源（如资金、人力、设备）的时空分布需要与业务波动动态匹配。例如，零售企业在节假日促销期间可能需要临时增加 30% 的服务器算力，但传统的静态资源配置模式往往导致非促销期算力闲置率超过 50%。DeepSeek 的时空弹性分配模型能够通过预测业务周期曲线，将硬件资源和人力资源按需拆解和重组，实现“高峰扩容、低谷节能”的动态平衡。以某电商平台为例，应用该模型后，其服务器利用率从 42% 提高至 85%。

二是数据驱动决策理论。其核心在于通过数据分析来寻求最优解，特别是在不确定性环境中进行成本控制。当原材料价格波动时，企业需要在“提前囤货”和“即时采购”之间进行动态权衡。传统经验决策的误差率高达 35%。DeepSeek 的多目标优化算法可以同时分析市场价格、物流效率、库存损耗等 20 余个变量，从而生成成本最优的采购方案。例如，建材企业通过模拟不同采购策略的 5 年投资回报率（ROI），发现“基准库存 + 动态补充”模式比传统模式的综合成本低 18.7%。

三是闭环优化理论。其强调通过“执行—反馈—迭代”的增强回路不断改进管理和运营效率。某制造企业引入传统系统后，由于缺乏实时数据反馈，其成本控制方案的更新周期长达 3 个月，从而错失了市场调价的最佳窗口。DeepSeek 的智能反馈引擎通过传感器和业务系统实时采集数据，每小时更新成本模型参数。当检测到某生产线能耗异常时，系统能够生成设备检修或工艺调整建议，将故障损失降低至原来的 10%。其生成结果如图 4–4 所示（由于图片过长，仅截取部分）。

企业10月生产线能耗数据报...
DOCX 32.59KB

请根据这份报告，帮我检测生产线能耗是否异常。

根据提供的报告，我们可以从以下几个方面来检测生产线能耗是否异常。

1. **每日能耗数据**

- **总能耗**：从 10 月 1 日到 10 月 31 日，总能耗从 4.8 万千瓦时逐渐增加到 7.8 万千瓦时，呈现逐日上升的趋势。
- **生产线 A 能耗**：生产线 A 的能耗从 2.0 万千瓦时增加到 5.0 万千瓦时，增长幅度较大。
- **生产线 B 能耗**：生产线 B 的能耗在整个月份中保持稳定，始终为 1.8 万千瓦时，没有变化。
- **生产线 C 能耗**：生产线 C 的能耗也保持稳定，始终为 1.0 万千瓦时，没有变化。
- **单位产品能耗**：单位产品能耗从 14.5 千瓦时 / 件增加到 22.0 千瓦时 / 件，呈现逐日上升的趋势。

异常检测：

生产线 A 的能耗逐日增加，且单位产品能耗也在增加，这表明生产线 A 可能存在能耗异常。尤其是在设备运行状态中，生产线 A 的故障次数和能耗异常次数也在逐日增加，进一步支持了这一结论。

生产线 B 和 C 的能耗保持稳定，没有明显的异常。

2. **设备运行状态数据**

- **生产线 A**：

  设备运行时间始终为 24 小时，但设备故障次数和能耗异常次数逐日增加。

  平均负载率从 85% 逐渐增加到 100%，并在 10 月 16 日之后保持在 100%。

  能耗异常次数从 10 月 1 日的 1 次增加到 10 月 31 日的 31 次，表明生产线 A 的异常和检修建议问题日益严重。

- **生产线 B**：

  设备运行时间始终为 24 小时，设备故障次数和能耗异常次数逐日增加，但能耗数据保持稳定。

针对生产线 A 的异常，给我一份检修和工艺调整的建议，以降低故障损失率。

针对生产线 A 的能耗异常和设备故障问题，以下是一份详细的检修和工艺调整建议，旨在降低故障损失率并提高生产效率。

1．设备检修建议

（1）设备全面检查

- **故障排查**：对生产线 A 的所有设备进行全面的故障排查，特别是那些频繁出现故障的部件。检查设备的电气系统、机械传动系统、传感器、控制系统等，确保各部件正常运行。
- **润滑与保养**：对设备的运动部件进行润滑保养，减少因摩擦导致的设备磨损和故障。
- **更换磨损部件**：检查设备的易损件（如轴承、皮带、齿轮等），及时更换磨损严重的部件，避免因部件老化导致的故障。
- **校准传感器**：检查并校准生产线 A 的传感器，确保其准确监测设备的运行状态和能耗数据。

（2）设备负载优化

- **降低负载率**：当前生产线 A 的平均负载率已达到 100%，设备可能处于过载状态。建议通过调整生产计划，减少设备的连续运行时间，适当降低负载率，避免设备过热或过载运行。
- **增加备用设备**：如果条件允许，可以考虑增加备用设备，分担生产线 A 的负载，避免单台设备长时间高负荷运行。

（3）能耗监控系统升级

- **安装实时监控系统**：升级生产线 A 的能耗监控系统，实时监测设备的能耗数据，及时发现能耗异常。
- **设置报警机制**：在能耗监控系统中设置报警机制，当能耗超出正常范围时，系统自动报警，便于及时处理。

图 4-4　生产线耗能异常分析与检修建议

那么，企业应如何利用 DeepSeek 构建前瞻性管理体系呢？

首先，需要进行战略解码，从目标到数据指标的层层细化。企业可以将成本控制目标量化，将“降本增效”的总体目标分解为可测量的具体数据指标。例如，将“降低物流成本”进一步细化为“单位货品运输成本≤ 1.2 元”和“库存周转率≥ 6 次 / 年”等具体目标，并通过逐步推进实现这些指标。

其次，实施流程再造，实现业务流与数据流的同步。企业应将采购、生产、销售等关键业务环节转化为数据节点。例如，在采购流程中，明确“供应商报价—合同审核—物流跟踪—质量验收”等关键节点，并实时采集每个节点的耗时和成本数据，从而优化流程。

最后，进行技术嵌入，构建 AI 驱动的闭环管理体系。通过输入市场环境、产能规划等关键参数，企业可以模拟未来 12 个月的成本变化趋势，助力科学决策。

某家具厂是一家传统的实木家具制造企业。在市场竞争日益激烈的环境下，该企业面临着原材料价格波动、人工成本上升等多重挑战，利润空间不断被压缩。

在企业发展陷入瓶颈之际，家具厂的管理层引入了 DeepSeek，对原材料采购环节进行深度分析。它能够实时追踪全球木材市场的价格走势和供应情况，并结合工厂的生产计划与库存水平，精准预测最佳采购时机。在此之前，采购团队只能凭借经验和有限的市场信息进行决策，常常以较高价格购入原材料。而在引入 DeepSeek 后，工厂得以在木材价格低谷期精准采购，从而降低原材料成本。

在生产环节，DeepSeek 对生产流程进行了全面评估。系统分析了每一道工序的时间、人力和物料消耗，找出了效率低下和浪费严重的环节。根据 DeepSeek 提供的建议，工厂对生产线进行了优化，合理调整了工人岗位，减少了不必要的操作步骤。

在物流配送方面，DeepSeek 综合考虑运输距离、运输方式、货物重量等因素，规划出最优的配送方案。通过整合订单、优化路线，降低运输成本和仓储成本。

经过一段时间的实践，这家家具厂的成本得到了有效控制，产品价格更具竞争力。凭借前瞻性的 DeepSeek 成本管理策略，该企业不仅成功渡过难关，还在市场中脱颖而出，实现了业绩的稳步增长，成为家具行业成本管理的典范。

企业利用 DeepSeek 实现前瞻性成本管理，是适应市场发展趋势的必然选择。通过充分发挥 DeepSeek 的技术优势，企业可以提前洞察成本变化趋势，制定科学合理的成本策略，从而实现成本的有效控制和资源的优化配置。尽管在实施过程中可能会遇到一些挑战，但只要企业采取切实可行的应对措施，积极推进变革，就能够充分发挥前瞻性成本管理的作用，进一步提升企业的竞争力和经济效益。

第五章

深度链条，赋能企业供应链管理的明天

全面分析：DeepSeek 的全链条数据监控

在全球化竞争与不确定性并存的商业环境中，供应链管理早已超越了简单的物流调度，成为企业生存与发展的核心命脉。传统供应链分析通常面临“三大困局”：数据碎片化、响应滞后和对经验的过度依赖。而 DeepSeek 通过全链条数据监控系统，为企业管理者提供了一种从全局洞察到精准干预的数字化解决方案。这套系统的核心价值在于，将分散于采购、生产、仓储、物流、销售等各环节的海量数据，转化为实时感知、智能分析、动态优化的决策依据，从而帮助管理者真正实现“用数据穿针引线”。

以一家区域性食品加工企业为例。2024 年，由于生鲜原料价格波动、区域物流限行政策调整以及商超订单预测失准的三重冲击，该企业全年利润下滑了 27%。2025 年，该企业引入了 DeepSeek。管理者首先将企业相关数据导入 DeepSeek，其中包括 23 家原料供应商的报价波动曲线、4 个加工基地的产能利用率、12 个区域仓库的周转天数、78 条配送线路的时效地图，以及合作商超的日销数据热力图。通过后台的动态数据建模与分析，系统自动识别出了三大核心问题：原料采购未充分考虑区域天气对运输成本的影响、华东仓与华南仓的库存结构失衡、商超促销活动与工厂排产周期之间存在 15 天的时间差。

针对上述问题，DeepSeek 将操作逻辑划分为四个递进层级。

第一层是数据透视。DeepSeek 为管理者提供了供应链各环节的实时状态监控。系统能够呈现当前各条配送线路的货车满载率、在途温控达标率以及预计到达时间的偏差值等关键指标。如果检测到数据异常，系统会自动发出预警提示。后台实时状态如图 5-1 所示（图片由 AI 生成）。

图 5-1　供应链实时监控数据透视

第二层是归因分析。当发现成都仓月度损耗率突然升高时，系统通过关联分析锁定问题根源：新启用的包装材料抗压系数不匹配西南地区多山的路况。该结论经运输振动模拟测试验证后，采购部门立即调整了包装标准。

第三层是策略模拟。在计划拓展社区团购新渠道时，管理者可以输入预估订单量、配送半径、履约时效等参数，系统会自动推演出最优的仓储布局方案。例如，在现有六大分仓的基础上，新增的前置微仓可以使配送成本降低约百分之十几。同时，系统还会生成供应商分级管理方案，以应对订单波动。

第四层是闭环优化功能。系统能够每月生成《供应链韧性评估报告》，不仅标注各环节的风险系数，还会根据历史记录推荐优化策略。例如，针对夏季暴雨频发的区域，系统建议动态调整安全库存公式中的气候影响因子。报告内容如图 5-2 所示（图片由 AI 生成）。

图 5-2 供应链韧性评估报告

这套系统的实际应用将提高该食品企业的运营效率。比如，当某商超突然要求将订单交付周期从 7 天缩短至 4 天时，管理者借助系统的沙盘推演功能，在 20 分钟内验证了三种应对方案，最终选择了“启用柔性生产线 + 临时外包装工序”的组合策略，既满足了客户需求，又将额外成本控制在利润空间内。

DeepSeek 的全链条监控能力之所以能够超越传统工具，关键在于其“数据—知识—决策”的高效转化机制。系统内置的行业知识图谱涵盖上千个供应链风险模型，能够自动匹配企业所处细分领域的特性。例如，对于家具制造企业，系统会重点监控木材含水率与仓储环境的关联数据；而对于医药流通企业，则强化冷链中断风险的预判模型。同时，深度学习算法能够持续从企业历史数据中提炼管理经验。当某类问题重复出现时，系统不仅会推送解决方案，还会同步标注过往处置效果的评估，帮助管理者逐步建立“数据驱动”的决策习惯。对于传统行业的管理者而言，掌握这套系统并不需要精通技术细节，只需关注三个核心操作：定期查看系统标注的关键指标异动，针对高风险问题启动穿透式分析，以及在重大决策前运行策略模拟验证。这套机制如同为供应链管理装上了一套“自动驾驶系统”，既能保持方向的稳定性，又能及时规避突发风险。

提升供应链透明度：DeepSeek 在供应链可视化中的应用

企业的供应链涉及众多环节，从原材料采购、生产制造，到产品运输与交付。任何一个环节出现问题，都可能影响整个供应链的效率以及企业的运营。因此，提升供应链的透明度，及时发现并解决潜在的瓶颈和风险，对企业的生存和发展至关重要。

DeepSeek 的可视化功能基于先进的大数据、人工智能和机器学习技术。它能够收集供应链各个节点的海量数据，包括供应商的生产进度、原材料库存水平、运输车辆的实时位置以及产品的质量检测结果等。通过对这些数据的深度分析和处理，DeepSeek 可以将复杂的供应链信息转化为直观易懂的可视化图表、图形和仪表盘。

后台供应链数据如图 5-3 所示（图片由 AI 生成）。

图 5-3　供应链智能监控可视化界面

在实际应用中，企业可以利用 DeepSeek 的可视化功能实现对供应链的全面监控。在采购环节，企业能够实时查看各供应商的供货情况。通过可视化界面，企业可以清晰地掌握不同供应商的交货时间、产品质量、价格等关键指标。这有助于企业及时发现潜在问题，如交货延迟或产品质量下降，并迅速采取措施，比如更换供应商或与供应商协商解决方案，从而确保原材料供应的稳定性。

在生产制造环节，DeepSeek 能够直观展示生产线的运行状态。企业管理者可以清晰了解每个生产环节的进度、设备的利用率以及产品的合格率。一旦某个生产环节出现效率低下或质量问题，可视化界面会及时发出警报，提醒管理者采取相应措施，如调整生产计划、维修设备或加强质量控制，从而提高生产效率和产品质量。

在运输与物流环节，DeepSeek 同样实现了可视化管理。企业能够实时跟踪运输车辆的位置、行驶速度以及预计到达时间，从而及时掌握货物的运输状态并提前做好收货准备。如果遇到交通拥堵、车辆故障等突发情况，企业可以根据可视化信息迅速调整运输路线或采取其他应急措施，确保货物按时交付。

库存管理是供应链中的关键环节。借助 DeepSeek 的可视化功能，企业可以实时监控库存水平，包括原材料库存、在制品库存和成品库存。通过分析库存数据的变化趋势，企业能够合理安排采购和生产计划，避免库存积压或缺货的发生，从而降低库存成本并提高资金周转率。

除了实时监控，DeepSeek 的可视化功能还能帮助企业进行深入的数据分析和预测。通过对历史数据的挖掘和分析，企业可以发现供应链中的潜在问题和规律。例如，通过分析不同季节和地区的销售数据及库存数据，企业能够预测未来的需求趋势，提前做好库存准备和生产安排。同时，DeepSeek 还能对供应链中的风险进行评估和预警，帮助企业提前制定应对策略，降低风险。

然而，要充分发挥 DeepSeek 在供应链可视化中的作用，企业需要做好一些基础工作。首先，企业必须确保数据的准确性和完整性。这要求企业建立完善的数据采集和管理系统，并与供应商、物流商等合作伙伴建立良好的数据共享机制。其次，企业需不断优化和改进供应链管理流程，以适应 DeepSeek 带来的变化，提高供应链的整体效率和透明度。

某服饰公司是一家在时尚领域小有名气的企业，主营各类潮流服装。过去，这家服饰公司的供应链管理就像一团迷雾。供应商的交货时间飘忽不定，原材料质量参差不齐，库存数据也总是不准确，种种原因导致生产计划频繁调整，产品交付延迟，客户投诉不断，企业利润也受到严重影响。

该服饰公司的管理层了解到 DeepSeek 技术在供应链可视化方面的强大功能，便决定引入该技术。接入 DeepSeek 后，该服饰公司的供应链管理出现了变化。

企业管理者只需轻点鼠标，就能在可视化界面上清晰地看到整个供应链的运作情况。从原材料采购、生产进度到产品配送，每一个环节都一目了然。他们能够实时掌握供应商的表现，及时发现潜在的风险和问题。例如，当某个供应商的交货时间可能延迟时，系统会自动发出预警，让企业有足够的时间采取应对措施，如寻找备用供应商或调整生产计划。

供应链透明度的提升，使这家服饰公司的运营效率大幅提高。生产周期缩短，库存积压减少，产品质量也得到了有效保障。客户满意度显著提升，订单量不断增加。

总之，DeepSeek 的可视化功能为企业提升供应链透明度提供了一种高效手段。通过实时监控、数据分析与预测，企业能够及时识别供应链中的瓶颈和潜在风险，并采取相应措施加以解决。

预测与风险管理：DeepSeek 助力供应链的精准预测与应对

供应链管理就像给企业装上一套“预警雷达”，既要预判未来可能出现的风险，又要抓住隐藏的机会。传统供应链管理常面临两大难题：一是依靠人工经验预测需求，误差大得像“蒙眼走路”；二是遇到突发情况时，只能被动应对，往往损失惨重。DeepSeek 通过数据分析和智能算法，让供应链从“事后救火”转向“事前防火”，实现精准预测与动态优化。

DeepSeek 的预测能力帮助企业从“蒙眼走路”转变为“提前看地图”。

供应链的核心在于“精准预测”，然而现实中企业常常面临一系列困扰。例如，库存积压——去年畅销的商品今年突然滞销，导致仓库堆满过期原料；供货断档——促销活动异常火爆，但关键零部件的供应却跟不上；运输延误——台风导致港口停运，生产线因此被迫停工等问题频发。

DeepSeek 的预测引擎能够同时分析数百种数据类型，包括历史销售记录、天气预报、社交媒体趋势以及行业政策变化等。例如，通过分析过去五年春节前后的销售波动，再结合今年短视频平台“年货节”话题的热度，它可以提前预测礼盒类商品的销量峰值，从而显著降低误差率。在原材料采购方面，系统不仅能够计算当前库存的消耗速度，还会关联国际大宗商品价格的走势，自动建议企业“是该囤积三个月的货，还是等价格回落后再购买”。预测结果如图 5-4 所示（由于图片过长，仅截取部分）。

为了提前 90 天预测礼盒类商品的销量峰值，并将误差率控制在 8% 以内，我们需要结合历史销售数据和当前的市场趋势进行分析。以下是具体的分析步骤和预测方法。

1．历史销售数据分析

我们需要分析过去五年春节前后的销售数据，重点关注礼盒类商品的销量波动情况。通过历史数据，我们可以识别出以下关键点。

- **销量峰值出现的时间**：通常春节前 2 ～ 3 周是礼盒类商品的销售高峰期。
- **销量增长幅度**：春节前的销量通常会比平时增长 30% ～ 50%，具体增幅取决于品类和市场需求。
- **促销活动的影响**：春节前的促销活动（如打折、满减等）会显著提升销量。

2．短视频平台“年货节”话题热度分析

今年短视频平台上的“年货节”话题热度较高，这意味着以下两点。

- **消费者关注度提升**：短视频平台的流量和互动量增加，表明消费者对年货节的关注度较高，可能会带动礼盒类商品的销量。
- **品牌曝光度增加**：短视频平台的推广活动（如 KOL 带货、直播等）会提升品牌的曝光度，进一步刺激销量。

3．预测模型构建

基于历史数据和当前市场趋势，我们可以构建一个预测模型，具体步骤如下。

- **时间序列分析**：使用 ARIMA 或 Prophet 等时间序列模型，结合历史销量数据，预测春节前后的销量趋势。
- **回归分析**：将短视频平台的“年货节”话题热度作为自变量，礼盒类商品的销量作为因变量，建立回归模型，量化话题热度对销量的影响。
- **综合预测**：将时间序列分析和回归分析的结果结合起来，调整预测值，确保误差率控制在 8% 以内。

图 5-4　历史销量与原材料采购预测模型

这种预测并非静态的“一次性计算”，而是如同导航软件一般能够实时更新。当系统监测到某地突发疫情时，会立即重新评估物流时效性。例如，如果陆运受阻，是否应启用空运？如果成本超支，是否需要调整终端售价？所有变量均通过算法进行动态平衡，确保企业始终沿着最优路径运行。

DeepSeek 的动态调整实现了从“刻舟求剑”到“灵活转身”的转变。

供应链最怕的不是变化本身，而是对变化反应迟钝。DeepSeek 的智能调度系统具备三种核心能力。

一是实时风险预警。当台风路径预测显示 72 小时后将影响主要港口时，系统会立即启动预案，检查在途货物是否经过台风区域，计算备用港口切换成本，向合作物流公司预订应急仓位，整个过程比人工效率提升几十倍。

二是资源自动调配。假设 A 工厂因设备故障停产，传统做法需要层层上报、开会讨论，至少耽误两天。DeepSeek 会直接执行操作，即调取 B/C 工厂的实时产能数据，评估将订单分流到其他工厂的物流成本，同步更新客户端的交货时间承诺。这种“自愈式调整”可将损失控制在最小范围。

三是成本效率平衡。在运输路线规划中，系统不会单纯选择“最短距离”，而是综合考量。

高速公路收费和国道油耗成本、夜间驾驶的司机津贴和白天堵车的时间损耗、冷链运输的温控误差风险和普通运输的货损概率，通过上亿次模拟计算，找到总成本最低的“黄金平衡点”。

DeepSeek 的风险管理，从“亡羊补牢”到“未雨绸缪”。

供应链风险常具有连锁效应，一个环节出现问题可能引发系统性崩溃。DeepSeek 通过三层防护机制构建安全网。

第一层是供应商健康监测。系统会持续扫描合作供应商的财务数据（如应收账款周转率）、生产数据（如设备故障频率）、舆情数据（如劳资纠纷报道），并自动生成风险评分。当某供应商的评分低于安全阈值时，系统会提前启动与替代供应商的洽谈，避免“将所有鸡蛋放在一个篮子里”的风险。

第二层是物流韧性评估。DeepSeek 建立了“港口—仓库—运输路线”三维韧性模型，实时评估每个节点的脆弱性。例如，当发现某区域大部分货物依赖单一铁路干线时，系统会立即建议开辟第二运输通道，以实现风险分散。

第三层是“黑天鹅”事件推演。通过蒙特卡罗模拟技术，系统可以预演供应链在极端情况下的表现。

如果国际油价暴涨 50%，总成本将增加多少？

如果主要客户突然取消大额订单，现金流能支撑多久？

如果关键原料被列入出口管制清单，备选方案是否可行？这些推演结果会转化为具体的应急预案库，帮助企业在面对危机时从容应对。

推演过程如图 5-5 所示（由于图片过长，仅截取部分）。

以下是基于实际数据的“黑天鹅”事件推演过程和结果。通过蒙特卡罗模拟技术，我们模拟了三种极端情景，并提供了详细的分析和应对建议。

一、国际油价暴涨 50%：总成本增加多少？

1. 数据

- **当前油价**：80 美元 / 桶。
- **运输成本占比**：占总成本的 25%。
- **物流路径**：主要依赖海运，平均运输距离为 5,000 公里。
- **燃油附加费机制**：油价每上涨 10%，运输成本增加 5%。

2. 推演过程

- **油价波动模拟**：假设油价在 80 美元 / 桶的基础上暴涨 50%，达到 120 美元 / 桶。
- **运输成本计算**：

◦ 油价上涨 50%，运输成本增加 25%（基于燃油附加费机制）。
◦ 运输成本从 25% 增加到 31.25%。

3. 总成本增加

总成本 = 原材料成本（30%）+ 生产成本（10%）+运输成本（15%）+ 其他成本（8%）。

总成本增加约 6.25%。

4. 推演结果

- 总成本增加：6.25%。

5. 关键影响

利润率下降约 5 个百分点。

长途运输成本占比高的产品受影响更大。

6. 应对建议

优化运输路线，减少长途运输依赖。

与物流供应商重新谈判合同，锁定部分燃油成本。

考虑新能源运输工具（如电动卡车）的可行性。

二、主要客户突然取消大额订单：现金流能支撑多久？

1. 数据

- 企业当前现金流：1,000 万元。
- 月均运营成本：200 万元。
- 应收账款周期：60 天。
- 库存周转率：3 个月。
- 主要客户订单占比：30%。

2. 推演过程

- 订单取消影响：主要客户取消订单，导致月收入减少 30%。

图 5-5 “黑天鹅”事件推演过程和结果

当供应链管理插上智能化的翅膀，企业便能够实现“晴天修屋顶，雨天不停工”。DeepSeek 的核心价值并非取代人类决策，而是帮助管理者从琐碎的数据计算中解放出来，专注于更高层次的战略思考。毕竟，机器擅长回答“怎么办”，而人类更应着眼于“为什么”。

智能优化决策：DeepSeek 助力供应链成本控制与效率提高

在全球供应链复杂性持续攀升的背景下，企业管理者普遍面临一个核心矛盾：既需要在运输、仓储、生产等环节压缩成本，又希望在客户体验和交付速度等维度提高效率。在传统管理模式下，这两个目标往往如同跷跷板的两端——压低成本的一头，效率可能下降；而提高效率的另一头，成本却容易失控。DeepSeek 的智能决策系统通过算法模型与实时数据的深度融合，展现了其卓越的解决能力。凭借三大核心功能，DeepSeek 帮助企业打破这一困境，使供应链管理从“拆东墙补西墙”转变为“系统性最优解”。

智能系统的第一层能力是实时计算并呈现“明晰账目”。供应链成本难以控制的核心问题在于“看不清”。许多企业直到月底财务报表出炉，才发现某个环节存在严重超支。DeepSeek 通过连接企业的 ERP 系统、物流系统和生产设备等数据源，构建了一个动态成本监测网络。系统能够每分钟计算原材料价格波动对生产成本的影响、某条运输路线的燃油费用变化以及仓库闲置空间带来的隐性损耗等。以往分散的数据报表，如今通过智能算法被整合成一张“成本热力图”。例如，当系统发现华南区域的运输成本突然上涨 5%，会自动追溯原因——可能是台风导致绕路，或是油价上涨——并即时推送优化建议，如切换铁路运输、调整发货节奏或启用备用仓库。管理者无须手动分析海量数据，只需打开系统，就能一目了然地发现哪些环节在“烧钱”，哪些环节可以“省钱”。动态成本监测网络示意如图 5-6 所示（图片由 AI 生成）。

图 5-6　动态成本监测网络示意图

智能系统的第二层能力是动态调整“最优解”。供应链效率的提高依赖快速决策，而人工决策往往存在滞后性。DeepSeek 的智能引擎能够同时处理数百万条数据，并在几秒内找到成本与效率的最佳平衡点。在运输环节，系统不仅计算最短路线，还综合考虑天气、油价、过路费、货车闲置时间等几十个因素，动态生成性价比最高的方案。如果遇到突发路况，它能够立即重新规划路线，将延迟控制在最小范围内。在库存管理方面，系统会根据实时销售数据、供应商交货速度和促销活动效果，自动调整安全库存水平。例如，当系统预测某款商品即将热销时，会提前增加区域分仓的备货量，既避免了总部仓库“爆仓”，又降低了长途调货的成本。这种动态优化使企业无须维持高额的“缓冲库存”，从而显著降低仓储费用。

智能系统的第三层能力是提前布局“未来局”。真正的成本控制不是事后补救，而是提前预防。DeepSeek 的预测模型能够预判未来 3 ～ 6 个月的供应链变化趋势，帮助企业规避潜在风险。通过分析原材料价格走势、政策变化、市场需求波动等因素，系统可以提前预警成本上涨风险，并提供应对方案。例如，当预测到芯片价格可能上涨时，系统会建议企业调整采购计划、寻找替代方案，或提前锁定长期合同。在生产计划方面，系统能够模拟不同排产方案的成本差异，精确到每台设备的能耗和每条生产线的人力配置。这种能力能帮助企业避免因盲目扩产而造成的资源浪费，同时也能防止因产能不足而产生的紧急外包成本。生成方案如图 5-7 所示（由于图片过长，仅截取部分）。

1．供应链优化建议

问题：芯片价格可能上涨，供应链存在不确定性。

建议：

- **提前锁定长期合同：**根据 DeepSeek 的预测，芯片价格在未来 6 个月内可能上涨 20%。建议立即与核心供应商谈判，锁定未来 12 个月的采购价格和供应量，避免价格上涨带来的成本压力。
- **多元化供应商：**目前供应链集中度较高，建议开拓 2 ～ 3 家新的供应商，分散风险。DeepSeek 已经筛选出几家符合质量标准的备选供应商，可优先评估。
- **替代方案准备：**针对关键芯片，DeepSeek 已推荐 3 种替代方案，性能和成本差异均在可接受范围内。建议技术团队尽快测试，确保在供应链中断时无缝切换。

行动时间表：

- 1 周内：完成与现有供应商的长期合同谈判。
- 2 周内：启用新供应商评估流程。
- 4 周内：完成替代方案的测试和验证。

2．生产计划优化建议

问题：当前生产计划存在资源浪费和产能不足的风险。

图 5-7　芯片价格上涨应对方案

某家具厂的经历正是一个典型案例。该厂以生产实木家具为主，年营收 1.2 亿元，但利润微薄。采购经理为东北木材三天一变的报价发愁，仓库里积压了价值 200 多万元的滞销欧式雕花床头柜，而送货司机则因高速公路堵车屡次错过安装档期。2025 年引入 DeepSeek 后，他们才发现供应链中隐藏着巨大的优化潜力。

一个普通的周一早晨，厂长李某打开 DeepSeek 生成的“供应链体检报告”，三条红色预警引起了他的注意。

一是山东杨木报价本周将跌至全年最低。

二是郑州分仓积压的 80 套现代简约书柜在周边三市存在潜在需求。

三是周三下午，京港澳高速河北段将有 5 小时的交通管制。

他立刻召集管理层，暂停东北松木采购，调拨郑州库存到石家庄展厅促销，把北京客户的送货时间从周三上午改到夜间。

运输主管老张起初并不相信 DeepSeek 推荐的路线规划。过去，送货到济南需要沿京台高速行驶 4 小时，而 DeepSeek 却建议绕道 308 省道。“多绕 30 公里，不是更费油吗？”他嘟囔着试跑了一趟，结果却出人意料：省下了 125 元过路费，柴油消耗还减少了 8 升——系统准确地计算出省道上大车少、红灯少，全程匀速反而更省油。3 个月下来，车队的月油费从 28 万元降至 23 万元，而准时送达率则从 72% 提高到 91%。

最让财务总监感到惊喜的是，库存管理的变化。过去，为应对“618”促销，企业需要提前 3 个月大规模囤货。而现在，DeepSeek 通过分析电商平台的搜索热词、同区域装修公司的订单，甚至结合天气预报（如梅雨季对物流的影响）来动态调整备货策略。去年夏季热销的藤编休闲椅，今年在区域分仓只备了三分之一的库存，却通过智能调货满足了所有订单需求，季末库存实现清零。

如今，走进厂区，车间的电子屏上实时滚动展示着 DeepSeek 的“降本作战图”：木材利用率从 68% 提高至 79%，包装耗材减少了 15%，甚至连车间照明都根据生产排班实现智能调节。厂长算过一笔账：这套系统每年节省的成本，足以买下隔壁一家倒闭同行的半个厂区。

这套智能系统带来的不仅是显而易见的数字优化，更深层次的是企业管理模式的转变。接入系统后，供应链团队的工作重心从每天疲于应对突发问题，转向专注于战略规划。他们从“救火队员”变为“布局专家”。这正是智能决策的深层价值所在：将人的精力从烦琐的计算中解放出来，投入更具创造性的工作中。当企业能够用数据清晰地追踪每一分钱的去向，用算法找到成本与效率的最优平衡点，供应链就不再是“成本黑洞”，而是推动竞争力提升的核心引擎。

第六章

高效运营，驱动企业流程智能化与绩效提升

流程优化：DeepSeek 提高工作与业务流程效率

企业运营的本质在于无数流程的串联与协同，而流程优化的核心在于“用更少的动作完成更多的价值”。传统流程优化依赖人工经验，存在效率瓶颈与主观偏差。DeepSeek 通过智能技术重构这一命题，将流程优化从“经验驱动”升级为“数据驱动”，实现从局部改进到全局重塑的跨越式升级。

流程自动化的革命性突破。DeepSeek 的核心能力在于将重复性、规则性的工作全面自动化。系统通过自然语言处理技术，可自动解析合同条款、财务凭证、客户需求等非结构化数据，并将其转化为标准化信息流。

例如，以往需要耗时 3 小时处理的上百份订单审核任务，如今系统可在几分钟内完成关键信息的提取与校验，并且准确率极高。这种自动化不仅大幅释放了人力资源，更重要的是消除了人为操作中的随机误差，确保了流程的稳定运行。对于涉及多部门协作的复杂流程（如项目审批或供应链协同），系统能够自动触发任务流转，实时追踪各节点的进度，并通过智能提醒机制有效规避流程卡顿问题。

数据驱动的流程洞察 DeepSeek 的核心价值在于其强大的数据挖掘能力。系统通过分析企业的历史流程数据，构建了“流程健康度评估模型”，从而量化并识别流程中的冗余环节。

以某采购流程为例，系统发现供应商资质审核环节平均耗时占总流程时长的 43%，但对最终质量的影响仅为 0.2%。基于此，系统建议将人工全量审核调整为“AI 初筛 + 重点复核”模式，从而显著提高整体效率。更重要的是，系统还能捕捉到人工难以察觉的隐性损耗：通过分析数千次跨部门协作记录，系统发现信息不同步导致的重复沟通平均消耗了 15% 的有效工时，并据此推动建立统一的数据中枢。

智能决策的动态优化。传统的流程优化通常停留在静态调整阶段，而 DeepSeek 实现了“实时响应式优化”。系统通过机器学习模型，持续监控流程执行数据（如任务耗时、资源消耗、异常频率等），并动态调整流程规则。在客户服务场景中，当系统检测到某类咨询量激增时，可自动调整工单分配策略，将简单咨询导向智能应答系统，将复杂问题优先分配给资深客服。这种弹性机制显著提高了峰值期的服务效率。对于生产制造类流程，系统能够根据设备状态、订单紧急度、能源价格等多维度数据，实时计算出最优排产方案，从而确保资源利用效率始终处于最佳状态。

跨系统整合的协同效应。企业中普遍存在的“信息孤岛”问题是流程优化的主要障碍之一。DeepSeek 通过 API 中枢技术，无缝对接 ERP、CRM、OA 等异构系统，构建了统一的流程管理平台。

例如，当销售订单数据进入 CRM 后，系统能够自动触发生产计划调整、物流资源调配和财务预算更新等关联动作，将原本需要跨部门协调 3 天的工作压缩至 2 小时完成。在合规管理场景中，系统可以实时比对业务流程与监管要求，自动拦截违规操作，并将风险点转化为优化建议，形成“执行—监控—改进”的闭环管理机制。

持续优化的进化能力。DeepSeek 区别于传统工具的显著优势在于其自我进化机制。系统通过持续学习新增数据，不断优化流程模型：当检测到某类异常重复出现时，会自动分析根因并生成流程改进方案；当业务模式发生变更时，能够通过模拟推演预判流程瓶颈。这种动态适应能力使企业流程体系能始终保持最优状态，避免“优化—僵化—再优化”的循环怪圈。

某物流企业曾面临订单处理效率低下、人工错误率高达 15% 的困境。在传统工作流程中，从客户下单到仓库拣货需要经过 7 个部门的手工流转，平均耗时 12 小时，高峰期常出现漏单或错发的情况。

引入 DeepSeek 系统后，企业首先对全业务流程进行了数字化映射。系统通过抓取 ERP、WMS 等系统的操作日志，自动生成可视化流程图，并发现有 38% 的时间消耗在纸质单据核对环节。系统随即启动智能化改造：订单信息在自动解析后，与库存数据实时联动，优先分配最近的仓储节点；同时，电子面单自动生成并同步至运输系统，从而有效规避了人工转录错误。

在跨部门协作方面，DeepSeek 重构了任务触发机制。当运输系统检测到车辆装载率不足 70% 时，系统会自动触发周边订单聚合算法，将零散订单智能拼车，使单车利用率提高了 26%。而在财务结算流程中，借助 OCR 识别技术，原本需要 3 天的人工对账被压缩至 40 分钟自动完成，错误率从 8% 降低至 0.3%。

经过 3 个月的运行，该企业的订单处理时效缩短至 4.5 小时，人力成本降低了 32%，客户投诉率下降了 71%。这套智能化流程体系还具备自我进化能力，能够通过分析新增业务数据，每月自动生成 5 ～ 8 条优化建议，逐步形成“越用越聪明”的正向循环。

流程优化的终极目标是构建“智能自驱”的业务生态。DeepSeek 通过将数据智能融入每个流程节点，不仅提高了效率，还重塑了企业的决策模式——从“事后补救”转变为“事前预判”，从“局部最优”迈向“全局最优”。当每个流程都具备自我感知和自我优化的能力时，企业便真正拥有了持续进化的生命力。

DeepSeek 驱动下的招聘革新

招聘的本质是“将合适的人放在合适的岗位”，但传统招聘流程常陷入“海量简历筛选耗时、人岗匹配效率低下”的困境。DeepSeek 通过 AI 技术重构招聘流程，形成了“智能筛选—动态匹配—持续优化”的全新模式。

招聘效率的核心突破在于其“自动化处理能力”。传统的人力资源专员平均需要 6 分钟处理一份简历，而 DeepSeek 的简历解析引擎能够迅速完成结构化信息的提取，并通过自然语言处理技术（NLP）自动比对岗位要求与候选人履历之间的深层关联。例如，系统可以识别“电商运营经验”与“用户增长策略制定”之间的能力迁移逻辑，而不仅仅是简单匹配关键词。在人才库管理方面，系统能够持续追踪候选人的技能更新动态。当企业发布新的岗位需求时，系统会自动推送技能图谱匹配度在过去半年内有所提升的潜在人选，从而进一步优化招聘效率和效果。

人岗匹配的精准度取决于“动态数据驱动”。DeepSeek 构建了三层匹配模型，包括基础层（学历、经验等硬性条件）、能力层（项目成果、技能证书等可量化指标）、潜力层（职业轨迹、学习能力等成长性特征）。系统通过分析历史招聘数据发现，某金融企业“风险控制岗”的成功候选人大多具有跨行业工作经历。这一隐性特征被纳入匹配算法优化。当企业调整战略方向时，招聘需求可被转化为 20 ～ 30 个核心能力标签，系统将自动调整各维度权重比例。

法律合规与决策透明是智能招聘的核心基石。DeepSeek 内置的劳动法合规模块能够实时检测岗位描述中的歧视性表述，如自动识别“限 35 岁以下”等违规条款，并同步提供法律建议文本。在面试评估环节，系统根据岗位特性生成差异化题库，既涵盖通用素质测评，也可针对特定技术岗位自动生成实操模拟题，确保考核标准客观且统一。

招聘流程的持续优化依赖“数据闭环机制”。DeepSeek 会记录每个环节的转化率数据，从简历打开率、初筛通过率到最终录用率，并通过系统自动分析找出漏斗中的瓶颈。一家零售企业在使用后发现，具有短视频作品集的候选人面试到场率比传统简历高出 41%。因此，该企业将作品集提交设为可选流程，从而显著提升了优质候选人的筛选效率。此外，系统还能够根据行业人才流动趋势预测招聘难度。当检测到某技术岗位的市场供需比低于 1∶3 时，系统会自动建议企业提前启动人才储备计划。

这种技术驱动的变革正在重塑招聘的价值链条。人力资源管理者从重复性事务中解放出来，可以将更多精力集中于人才评估、文化适配等核心工作。而 DeepSeek 提供的“人才地图”“竞争力雷达图”等可视化工具，则帮助企业实现从经验驱动向数据驱动的人力资源决策转变。当招聘系统能够像导航软件一样实时反馈最优路径时，企业的人才获取将真正迈入精准化、智能化的新篇章。

主营五金配件加工的某机械企业曾深陷招聘困局：3 名 HR 每月处理 2,000 份简历，手工筛选常漏掉合适技工，车间主管抱怨“招 10 个技工有 4 个连图纸都看不懂”。在传统招聘流程中，从发布岗位到新人上岗平均耗时 27 天，旺季时生产线常因人手不足而停滞。

接入 DeepSeek 智能招聘系统后，变化悄然发生。系统用 0.5 秒解析一份简历，自动标记“有数控机床操作证”“参与过精密零件项目”等关键信息，初筛准确率从 68% 跃升至 91%。当招聘焊接技师时，AI 不仅筛选持证人员，还通过分析历史数据发现：成功留任者中 83% 有业余参加技能竞赛的记录，这一隐性特征被加入筛选模型。

流程自动化带来了效率飞跃：JD 智能生成工具 3 分钟产出包含技术术语的岗位描述；AI 自动推送匹配度＞85% 的候选人信息给车间主任；面试环节系统生成实操题，让应聘者通过 AR 设备模拟机床故障排查。原本需要 3 轮沟通的谈薪环节，由 AI 根据市场数据生成弹性薪酬包，使录用周期缩短至 9 天。

一季度数据显示：焊接技师岗位留存率提高 40%，简历处理效率提高 6 倍。HR 王经理感慨："现在我能腾出时间跑职业学校挖苗子，不用再当'简历搬运工'了。"车间新入职的"00 后"技工小李，正是系统从校招简历池里发现的"宝藏"——虽然经验少，但 AI 通过其技能竞赛视频分析出其精密操作潜力。

在 DeepSeek 驱动下，招聘行业迎来了革新，为企业带来了更高效、精准的招聘体验。企业应积极拥抱这一技术，充分发挥其优势，优化招聘流程，提高人才匹配度，为企业的发展注入强大动力。

绩效再定义：DeepSeek 打造高效精准的考核体系

传统企业的绩效考核往往陷入“数据失真”和“标准模糊”的双重困境：主观打分使得“会哭的孩子有奶吃”，固定指标难以适应市场变化，年底考核更是沦为一场“突击填表运动”。DeepSeek 通过三大核心能力重塑考核体系——以数据建模取代经验判断，以动态指标取代固定模板，以协同优化取代单向评估，从而让绩效考核真正成为驱动企业发展的“导航仪”。

第一层革新在于量化建模。传统考核指标往往依赖岗位说明书中的模糊描述，如“团队协作能力”“创新意识”等抽象概念，难以精准衡量。DeepSeek 通过分析员工日常沟通记录、项目协作数据、任务响应速度等 300 多个维度的行为特征，构建“数字孪生”模型。销售岗位的“客户维护能力”不再依赖主观印象分，而是转化为“客户需求响应时长”“解决方案复用率”“商机转化波动系数”等可量化指标。生产岗位的“操作熟练度”则被拆解为“设备操控精准度”“异常处理时效”“工艺改良建议采纳量”等数据标签，彻底消除“凭感觉打分”的灰色空间。

第二层突破在于动态调参。市场环境瞬息万变，但传统 KPI 体系的调整周期长达半年。新冠疫情防控期间，某制造企业仍用“人均产值”考核生产线，却忽视了供应链断裂导致的原料短缺困境。DeepSeek 的智能预警系统能实时捕捉外部环境波动：当原材料采购周期超过阈值时，系统会自动提高“库存周转率”的权重；当检测到行业价格战信号时，立即为销售团队增加“客户留存成本比”等新指标。这种动态机制让某零售企业在“618”大促期间，仅用 3 天就完成了全员考核指标的敏捷切换，比传统方式大大提速。

第三层价值在于闭环优化。多数企业的绩效考核止步于奖金分配，而DeepSeek则打通了“评估—改进—再评估”的全链条。系统通过对比历史数据与行业基准，自动生成岗位能力提升图谱。例如，客服岗位的员工若“情绪安抚效能值”低于平均水平，会收到定制化的沟通话术训练包；研发工程师若“专利转化滞后率”偏高，则会触发跨部门协作流程的优化建议。更为关键的是，这些改进效果会实时反馈至考核模型，形成“越用越准”的进化循环——某科技公司使用3个月后，绩效考核与员工实际贡献度的相关性得到了显著提高。

某连锁超市曾因绩效考核引发员工频繁离职。12家门店的绩效方案存在5套标准，销售数据、货架整理效率等核心指标分散在3个独立系统中。生鲜区主管王姐每月须手动汇总27张Excel表格以核对绩效，而新员工小李因“货架补货速度”与“客户评分”指标权重失衡，绩效垫底。

接入基于DeepSeek开发的智能考核系统后，通过整合POS机、电子价签、监控摄像等8类终端数据，系统能够实时生成包括“临期商品处理率”“高峰期收银效率”在内的15项动态指标。例如，系统发现日化区的“促销产品陈列达标率”与销售额增长呈显著正相关，随即将该指标权重从20%上调至35%。理货员小张通过系统推送的《黄金陈列位虚拟实训》，在两周内使牙膏品类销售额提升41%，绩效排名跃升至区域前3。

在备货期间，系统监测到华东3号店的“库存周转天数”超出行业基准40%，立即触发“智能补货模型”专项考核。当店长老刘完成第8次自动补货校准后，系统同步生成了“缺货预警响应速度”“滞销品清退率”等5项子指标，并推送了《动态定价策略》微课。3个月后，该店的库存周转率提高了28%，损耗率下降至0.3%。

如今，区域经理最关注的已不再是单纯的绩效分数，而是系统生成的“能力进化图谱”。例如，上周蔬果区的“损耗控制率”出现异常波动，本周已有6名员工通过 AI 模拟的《鲜度管理沙盘》课程弥补了技能短板。这种“数据暴露问题即触发能力升级”的机制，使全公司员工的绩效差距缩小至 15% 以内，关键岗位的离职率同比下降 22%。

实施 DeepSeek 考核体系需要注意两个关键点：一是初期需导入 6 ～ 12 个月的历史数据进行模型训练，以避免“冷启动”带来的偏差；二是设置“人工复核通道”，在系统建议与实际情况冲突时，保留 10% ～ 15% 的弹性调整空间。这套体系正在重新定义组织管理的逻辑——当每位员工的贡献值都能像生产线传感器的数据一样被精准量化和可视化，企业就真正实现了“用数字说话”的管理革命。

用 DeepSeek 打造高效沟通与协同工作

在数字化时代，企业协作效率已成为影响核心竞争力的关键因素。传统沟通方式往往陷入“信息过载却重点模糊”“多方对接但责任不清”“流程冗长致行动滞后”三大困局。DeepSeek 通过构建智能协作中枢系统，将碎片化沟通转化为结构化行动，实现“信息找人”代替“人找信息”，“流程驱动”替代“口头承诺”，“数据沉淀”超越“经验传递”的协同革命。这套系统不仅是简单的即时通信工具升级，而是通过重构企业信息流转范式，使跨部门协作像精密齿轮般高效运转。

第一维度：消除信息孤岛。传统企业协作中，40% 的时间耗费在信息检索与验证环节。业务部门需要销售数据时，通常需要通过邮件申请权限；技术团队排查故障时，往往需要反复索要日志记录；管理层在决策时，甚至需要临时组建“数据突击队”。这种低效模式的本质是信息管理机制的失效。DeepSeek 的实时协作空间从根本上改变了这一规则：所有工作文件、会议记录、项目进度、客户反馈等数据都会自动归集到统一的知识库中，并建立动态权限体系。例如，市场部上传的竞品分析报告会自动关联到产品部的研发需求文档；当客服部门处理客户投诉时，系统会自动推送相关产品的技术参数变更记录。更重要的是，系统通过语义理解能力，建立了“需求—资源”的智能匹配机制。

例如，当研发人员输入“急需华东地区用户使用反馈”时，系统不仅会展示现有的调研报告，还会标注未公开的渠道商访谈录音及相关客户工单，同时触发通知，提醒市场部联络人提供最新数据。这种“信息找人”的模式，将平均需求响应周期从 48 小时压缩到数小时。示例如图 6-1 所示（由于图片过长，仅截取部分）。

华东地区用户使用反馈报告

报告概述

本报告基于华东地区用户使用反馈数据，结合现有调研报告、渠道商访谈录音及客户工单，分析用户需求、痛点及改进方向。报告触发通知，提醒市场部联络人提供最新数据，以便进一步优化产品和服务。

---

1. 现存调研报告摘要

（1）用户满意度调研（2023 年 9 月）

调研范围：华东地区（上海、江苏、浙江、安徽）

样本量：1000 名用户

关键数据：

总体满意度：85%

产品易用性评分：8.5/10

售后服务评分：7.8/10

主要痛点：

产品功能复杂，学习成本高（30% 用户反馈）。

售后服务响应速度慢（25% 用户反馈）。

产品稳定性问题（20% 用户反馈）。

（2）用户行为分析（2023 年 8 月）

使用频率：日均使用时长 2.5 小时，周均使用频次 5 次。

功能使用率：

核心功能 A：90%

核心功能 B：75%

新增功能 C：50%

图 6-1　华东地区用户使用反馈

第二维度：重构会议价值。抽样调查显示，一半以上的企业管理者认为，超过三成的会议未能产生有效结论。DeepSeek 的智能会议管理系统通过三个技术支点重塑了会议价值：首先，会前系统会自动生成议程框架，并基于议题的重要性，提供发言时长的建议；其次，会中系统会实时转录讨论内容，自动提炼争议焦点与待决议事项；最后，会后系统会在 10 分钟内输出执行清单，明确每项任务的责任人、验收标准和时间节点，并同步写入项目跟踪模块。例如，在某次产品优化研讨会上，系统会在会前自动关联历史用户投诉数据、竞品功能对比表和技术实现成本评估报告；在会议过程中，系统会实时标注出“包装设计缺陷”被提及 9 次、“物流破损率”被讨论 7 次等关键信息；会后，生成的执行方案会自动将“改进包装抗震测试”任务关联到质检部 2023 年同类项目的工时数据，为负责人合理估算资源需求提供支持。

第三维度：固化组织知识。企业每天产生的大量对话、文档和操作记录中，往往隐藏着许多尚未被系统化管理的知识资产。DeepSeek 的知识沉淀系统通过智能捕捉与结构化重组，实现了三个层级的价值转化：基础层建立全量信息索引库，自动识别合同关键条款、技术方案核心参数、项目风险预警点等关键要素；中间层构建岗位知识图谱，为新任主管推送定制化知识包，如“下属能力评估模板”“跨部门协作避坑指南”“预算审批全流程详解”等内容；顶层则形成决策支持模型，当管理者处理供应商纠纷时，系统会自动呈现类似历史事件的处理路径、法律顾问意见摘要以及相关财务损失数据分析。某制造企业在导入该系统半年后，新品开发周期缩短了 20% 以上，其关键原因在于工艺工程师能够直接调用五年前同类项目的模具调试记录，从而避免了重复实验。

第四维度：穿透部门壁垒。跨部门协作的最大障碍在于目标差异与专业壁垒。DeepSeek 的流程协同引擎通过三大功能破解困局。

一是建立可视化协作地图。任何员工在发起协作请求时，都能看到全链条参与方的当前工作负荷与任务优先级。

二是设置自动化触发规则。当研发部门提交样品测试申请时，系统会自动向质检部推送检测标准文档，向生产部预约设备机时，向采购部发起辅料需求清单。

三是生成动态责任矩阵。在多方协作项目中，系统根据各成员的历史任务完成质量、专业领域匹配度、当前资源空闲率等数据，智能推荐最佳任务分配方案。更重要的是，所有协作过程数据都会转化为部门效能评估指标。在月度经营分析会上，系统直接呈现“市场部方案平均反馈延迟 18 小时”等透彻分析，推动组织自我优化。

这套系统带来的不仅是效率的提高，更是组织能力的进化。当市场变化的信息能够实时传达到生产线，当客户需求能够无损传达到研发端，当个体经验能够转化为组织智慧，企业便真正建立起适应不确定环境的敏捷体质。DeepSeek 就像为组织安装了“数字神经系统”，让每个决策有据可依，每次协作精准到位，每份知识永不流失——这才是数字化时代团队协同的终极形态。

企业版后台全链条画面如图 6-2 所示（图片由 AI 生成）。

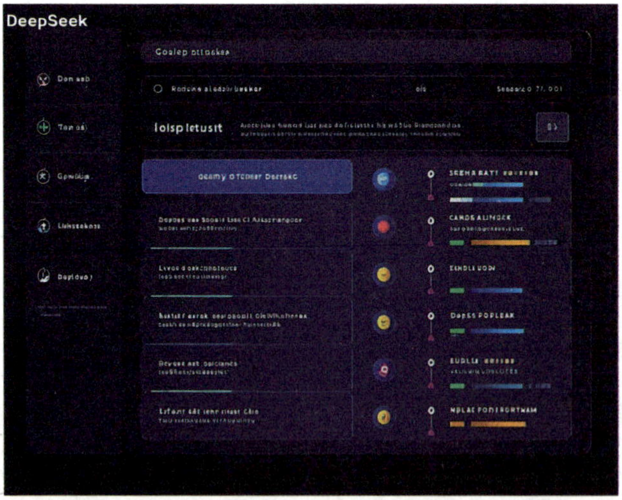

图 6-2　企业版后台全链条画面

第七章

与 DeepSeek 一起，探索企业现金流与财务稳定之道

构建财务模型：用 DeepSeek 分析财务数据

财务管理的核心在于将数据转化为决策依据，而财务模型正是连接数据与决策的桥梁。传统的手工建模既耗时又费力，且难以适应动态市场的变化。DeepSeek 通过智能化工具链实现了财务建模的“精准化”和“敏捷化”，帮助企业从数据中挖掘出真正的价值。

数据整合，消除信息孤岛。财务建模的第一步是整合多源数据。DeepSeek 能够自动对接 ERP 系统、银行流水、税务报表等异构数据源，并通过语义识别技术将订单金额、成本分类、应收账期等字段自动匹配到统一模板中。例如，销售合同中的“含税总价”与财务系统中的“应收账款”字段可能存在表述差异，系统可以自动识别并建立映射关系，从而减少人工核对的误差。对于历史数据中的异常值（如某个月管理费用突增 50%），系统通过波动率算法自动标记，并提示用户核查，以判断是否为记账错误或特殊事件。

指标建模，从数据到洞察。在清洗后的数据基础上，DeepSeek 支持构建多层次的财务指标体系。基础层涵盖流动比率、存货周转率等通用指标；业务层则结合行业特性定制模型，如零售业的“坪效—人力成本弹性系数”、制造业的“单位能耗产值比”等。系统还能够自动对比行业标杆数据。例如，当企业毛利率为 18%，而行业均值为 25% 时，模型可以深入分析原材料采购价格、生产效率等细分因素，从而定位差距的根源。对于复合指标（如加权平均资本成本），用户只需输入债务利率、股权成本等参数，系统即可自动完成计算，并生成敏感性分析矩阵，为决策提供数据支持。

动态推演，洞察财务未来。DeepSeek 的预测模块能够将静态报表转化为动态推演工具。通过基于历史数据的时间序列分析，该模块可预测未来 12 个月的现金流趋势，并支持叠加不同变量（如原材料价格上涨 10%、销售额下降 5%）进行压力测试。例如，当输入“拓展东南亚市场”的假设时，模型可自动估算初期投入和汇率风险对净利润的影响，并生成多版本的损益表进行对比分析。此外，系统内置蒙特卡罗模拟功能，能够量化应收账款逾期率、库存积压概率等风险指标，为企业提供预留安全边界的决策支持。

敏捷输出，决策支持闭环。模型的价值最终体现在决策层“看得懂、用得上”。DeepSeek 能够将复杂数据转化为动态可视化图表：点击资产负债表中的“存货”项目，即可下钻查看不同品类的库龄分布；拖动折线图中的时间轴，现金流预测结果将实时刷新。系统还支持一键生成财务分析报告，并自动标注关键结论（例如，“三季度销售费用率异常升高，建议核查市场推广 ROI”），同时附上数据溯源链接，供审计查验使用。

财务报告如图 7-1 所示（由于图片过长，仅截取部分）。

企业财务分析报告（2023 年第三季度）

报告概述

本报告基于 DeepSeek 对企业后台数据的自动分析，涵盖收入、成本、利润、费用等关键财务指标，并标注关键结论与建议。报告附数据溯源链接，供审计查验。

财务数据概览

指标	2023 年 Q3 数据	同比变化	环比变化
营业收入	5.2 亿元	+12%	+8%
营业成本	3.1 亿元	+10%	+7%
毛利率	40.4%	+1.2%	+0.8%
净利润	0.8 亿元	+15%	+10%
销售费用	0.9 亿元	+25%	+20%
管理费用	0.5 亿元	+8%	+5%
研发费用	0.4 亿元	+12%	+10%

图 7-1　企业财务分析报告

通过 DeepSeek 构建的财务模型，企业不仅能够快速生成报表，还可以将数据深度融入预算编制、投资评估和风险管控等场景，实现从“事后记录”向“事前预判”的转变。财务部门因此得以从“数据搬运工”转型为“战略导航员”，在数字化浪潮中掌握确定性。

现金流管理：通过 DeepSeek 预测与优化现金流

现金流如同企业的“呼吸节奏”，过快可能导致资金闲置，过慢则可能引发经营窒息。传统的现金流管理通常面临三大困局：数据分散且难以整合（财务和业务系统各自为政）、预测模型僵化（过度依赖历史线性推算）、调整响应滞后（问题暴露时已错过最佳干预时机）。DeepSeek 通过重构现金流管理体系，帮助企业从“被动救火”转向“主动掌控”。

穿透数据壁垒，构建全景现金流视图。企业的现金流动涉及销售回款、采购付款、融资借贷等十余个业务环节，而相关数据通常散落在 ERP、CRM 和银行系统中。DeepSeek 的异构数据引擎能够自动对接用友、金蝶、SAP 等主流系统，实现三大核心突破：一是跨系统数据对齐（如将客户订单状态与银行到账记录实时关联），二是多币种自动换算（支持 132 种货币按实时汇率进行折算），三是票据信息识别（自动解析电子承兑汇票、信用证等复杂凭证）。这套体系首次为企业提供了“T+0 现金流全景图”，精确展示每笔资金的流向、流速及沉淀节点。

智能预测引擎，从经验推算到概率预判。传统现金流预测多基于固定公式，难以应对市场突变。DeepSeek 的预测模型融合了时序分析、机器学习和蒙特卡罗模拟三重技术。它通过分析过去 36 个月的资金流动规律，自动识别周期性波动（如季节性账款回收延迟）；利用机器学习判断客户付款习惯（如某大客户常在合同截止日期前 3 天付款）；借助蒙特卡罗模拟推演数千种市场波动场景，输出未来 90 天现金流量的概率分布。

动态推演沙盘，预判决策的连锁反应。现金流的真正价值在于支持战略决策。当管理者考虑“是否接受某笔账期延长的大单”时，DeepSeek 可实时推演三大影响维度：一是资金占用成本（延长账期导致的贴现利息损失），二是供应链传导效应（需提前采购原料引发的预付款激增），三是融资风险（如同期银行贷款利率上浮对资金链的冲击）。系统通过动态平衡模型，生成多方案对比报告，量化显示不同选择对自由现金流、速动比率、利息保障倍数等 12 项指标的影响，使决策者清晰地看到每个选项背后的财务代价。

闭环优化机制，从预测到执行的增强回路。DeepSeek 的独特优势在于构建了“预测—执行—反馈”的智能闭环。每日自动比对预测值与实际资金流动差异，当偏差超过预设阈值时触发原因分析：若销售回款延迟，则反向追踪至具体客户的履约评估模型；若采购付款超支，则关联供应商交货合格率数据。这些洞察直接推送至业务部门，形成从财务结果到业务动作的逆向纠偏机制。

华东某服装加工企业长期陷入“旺季钱荒、淡季钱闲”的困境。每年 9 月是羽绒服生产的高峰期，原料款、代工费、物流费同时激增，账面资金缺口常常超过千万元，迫使该企业高息借贷；而 3 月淡季时，大量回款闲置在账上，只能获得活期利息。接入 DeepSeek 后，财务总监老张发现了三大变化：系统自动抓取 ERP 生产数据、电商平台销售回款、银行账户流水，生成动态资金热力图。当某电商客户提出“延长账期至 60 天，但订单量翻倍”时，系统在 10 分钟内生成推演报告：接受该提议将导致季度资金缺口扩大至 2,200 万元，需增加 300 万元贷款利息；拒绝则可能失去年销售额 15% 的客户。最终该企业选择折中方案，谈判达成“45 天账期 + 首批预付 30%”。

运行 3 个月后，该企业资金周转天数从 112 天降至 89 天。老张感慨：“现在看着资金流动图，就像看天气预报一样直观，再也不怕经营路上的‘资金暴雨’了。”

通过 DeepSeek 的现金流管理系统，企业管理者可以获得三大核心能力：实时感知资金脉搏的“可视化能力”、预判经营风险的“前瞻性能力”、量化评估战略选项的“决策力”。当每一笔资金流动都能被追踪、每一个财务决策都能被推演、每一次执行偏差都能被修正时，现金流管理便从单纯的会计职能跃升为企业的战略引擎。这不仅是技术工具的创新，更是企业经营思维的进化——以数据洞察取代经验直觉，以动态推演取代静态估算，从而让企业在瞬息万变的市场环境中始终掌控资金的主动权。

成本管控：DeepSeek 助力精细化成本管理

传统财务管控体系常常陷入“数据滞后”与“静态管理”的双重困境。财务部门在月末核算时发现成本超支，通常已成为既定事实；依赖历史数据制定的定额标准，难以应对市场波动引发的成本变动。DeepSeek 通过全价值链数据追踪与动态建模技术，将成本管理从“事后复盘”升级为“实时干预”。其核心价值在于构建覆盖采购、生产、仓储、物流的全维度成本沙盘，使企业能够穿透财务报表的数字迷雾，在成本偏离预设轨道的瞬间即刻启动矫正机制。

多数企业的成本分析往往停留在“材料费上涨 5%”“人工费超支 10%”等表层结论，难以定位到具体产线、工序，甚至操作工位的异常波动。DeepSeek 的智能解析引擎通过三级穿透式分析，实现精准归因：第一层拆解直接成本构成，实时追踪每吨原料的加工损耗率；第二层核算间接成本分摊，动态评估设备空转所导致的能源浪费；第三层测算隐性成本影响，量化物流延误引发的资金占用成本。这种颗粒度达到“工序级”的透视能力，使财务管控从传统的笼统总账管理转变为精准的靶向治理。

传统预算管控依赖人工设定固定阈值，但原材料价格波动、能源成本跳涨等变量常常导致预设标准失效。DeepSeek 通过机器学习构建动态成本模型，将市场大宗商品价格指数、行业用工成本曲线、物流运力波动数据等 12 类外部参数作为输入变量，并结合企业的历史成本数据，生成每日更新的弹性成本阈值。当采购议价偏离行业基准价 15% 或单件产品能耗超过工序标准值 20% 时，系统会自动触发分级预警机制，并将纠偏建议推送至对应责任人的操作终端。

精细化管理的终极目标不仅是节约成本，更在于建立“成本—效益”的动态平衡机制。DeepSeek 的优化算法支持多目标协同计算：在保证产品质量的前提下，自动匹配性价比最高的原料替代方案；根据订单的紧急程度和能耗峰谷电价，智能排产以降低电力成本；结合供应商信用评级和账期政策，动态调整付款节奏以降低资金成本。系统每月生成《成本韧性评估报告》，量化展示各项降本措施的边际效益，推动企业从“被动控费”转向“主动创效”。

某五金厂过去常被 3 本“糊涂账”困扰：采购员月底才发现某型号螺丝钉库存积压 200 万颗，财务部次月 10 日才能核算出上季度车间电费超支 18%，厂长看着年年攀升的“管理费用”却找不到浪费源头。

引入 DeepSeek 成本管控系统后，车间主任的电脑屏幕上显示着实时数据。当他准备启动 10 台冲床完成 2,000 件门把手订单时，系统弹出提示：“当前峰时电价每度 1.2 元，建议 3 小时后谷时电价（0.6 元）集中生产，预计节省电费 860 元。”采购部经理收到预警：“A 供应商本月 304 不锈钢板报价比行业基准价高 12%，建议切换至信用评级 B+ 的备选供应商。”

最让财务总监惊讶的是，系统自动生成的《成本韧性评估报告》指出：厂区西侧的 3 台老式注塑机每生产 1,000 个配件的耗电量比新设备多 58 度。这些“电老虎”每年隐形吞噬 23 万元利润。她随即申请设备更新专项资金，预计在半年内收回改造成本。

如今，厂区的电子屏实时滚动显示着“今日万元产值能耗”“单件产品边际成本”等数据。工人们在午休时也热烈讨论：“原来我们随手关一盏灯，系统能算出全年可省下 1.2 万元电费！”

要实现上述能力，需要完成三大基础建设：首先，建立业财一体化的数据中台，打通 ERP、MES、SCM 等系统间的数据壁垒；其次，规范成本核算的颗粒度，确保工序级成本数据的完整采集；最后，构建“财务—业务”联动的响应机制，使成本预警能够直达车间主任的调度屏幕和采购经理的谈判桌。这三层架构共同构成了数字时代的成本护城河，使企业在新常态下实现了“每分钱都花在刀刃上”的精准管控。

风险预警：通过 DeepSeek 提高财务稳健性

企业经营的本质是风险与收益的动态平衡，财务稳健性则依赖风险预警系统的灵敏性与预测精度。传统财务风险管理往往受限于数据割裂、分析滞后与人工经验偏差。DeepSeek 通过数据穿透力、模型自进化能力和动态响应机制，构建起覆盖全业务链的智能风控体系，为企业提供全天候、多维度的风险防护网。

数据穿透与跨系统融合是现代企业财务管理的关键。财务风险的复杂性主要源于业务数据的碎片化分布。例如，采购端的应付账款波动、生产端的库存周转异常，以及销售端的应收账款账龄变化，这些信息通常分散在 ERP、CRM 等不同系统中，难以形成统一视角。DeepSeek 通过统一数据接口，实现跨系统数据融合，将结构化财务数据与非结构化合同文本、市场舆情、供应链动态等多元信息整合为“风险特征图谱”。例如，通过分析供应商的历史付款记录与行业景气指数，可以提前 3 个月预测供应链中断的风险；结合客户订单履约率与行业坏账率曲线，则能够动态调整信用额度阈值。这种数据穿透能力使企业从“局部风险感知”跃升至“全局风险透视”，有效消除传统报表分析中的盲区与滞后问题，为企业决策提供更全面、及时的支持。

模型进化，构建动态风险量化体系。传统的财务风险模型通常依赖线性回归或静态规则库，难以有效应对市场环境中的非线性变化。DeepSeek 采用混合建模架构，将专家经验规则库与机器学习算法深度融合：基础层使用贝叶斯网络评估信用风险概率，中间层通过长短时记忆网络（LSTM）捕捉时序数据中的异常波动，决策层结合蒙特卡罗模拟预测极端市场情景下的现金流压力。这一架构具备自我迭代能力，当宏观经济指标、行业政策或企业内部数据发生结构性变化时，模型能够自动触发参数校准与特征权重调整，从而显著提升风险预警的准确性。

实时监控，建立风险响应闭环机制。风险管理的价值不仅在于预警，更在于形成“识别—评估—处置”的闭环。DeepSeek 通过事件驱动引擎实现风险信号的自动化处理：当系统检测到应收账款逾期率超过阈值时，会自动触发客户信用评级下调、冻结赊销额度并生成债务重组方案；当发现原材料价格波动突破预设区间时，会即时推送期货对冲策略与供应商议价话术。同时，通过知识图谱技术沉淀处置经验，形成可复用的风险应对策略库。在合规层面，系统内置《企业会计准则》《中华人民共和国数据安全法》等监管规则引擎，确保风险处置方案符合法律与审计要求。

价格波动时，系统预警给出的分析如图 7-2 所示（由于图片过长，仅截取部分）。

DeepSeek 财务预警与应对策略报告

预警概述

通过实时监控企业后台数据，发现原材料价格波动突破预设区间，可能对成本控制和利润率产生重大影响。系统将立即推送期货对冲策略与供应商议价话术，帮助企业降低风险并优化采购成本。

---

1. 预警详情

（1）原材料价格波动分析

- **原材料类型**：铜（主要用于产品 A 的生产）
- **价格波动情况**：

◦ 当前价格：8,500 美元 / 吨
◦ 预设价格区间：7,500 ～ 8,000 美元 / 吨
◦ 波动幅度：突破上限 6.25%

- **影响分析：**
  ◦ 原材料成本预计增加 10%，影响毛利率下降 2%。
  ◦ 若价格持续上涨，可能导致全年利润目标无法达成。

（2）数据溯源

- **价格数据来源：** 伦敦金属交易所（LME）实时数据
- **企业内部数据：**
  ◦ 原材料库存：1,000 吨
  ◦ 月均消耗量：200 吨
  ◦ 当前采购合同：3 个月固定价格合同（7,800 美元 / 吨）
- **数据溯源链接：** 原材料价格数据

---

2. 应对策略推送

（1）期货对冲策略

- **策略目标：** 锁定未来采购价格，降低价格波动风险。

图 7-2　财务预警与应对策略报告

稳健根基，平衡风险防控与业务增长。过度风险规避可能导致业务机会流失，DeepSeek 通过风险收益均衡模型破解了这一悖论。系统在评估客户信用风险时，不仅计算违约概率，还同步分析客户生命周期价值、交叉销售潜力等收益指标，生成“风险调整后的收益矩阵”。

某家纺企业曾因库存积压和应收账款逾期问题，导致现金流长期紧张。财务部门每月需手动整合 ERP 和 CRM 数据，但滞后的报表分析使风险预警总是“慢半拍”。例如，当某经销商的应收账款逾期率超过 30% 时，账款往往已拖欠

半年之久，催收难度显著增加。

引入基于 DeepSeek 开发的风险预警系统后，企业将采购、生产、销售等全链条数据接入统一平台。系统能够实时抓取库存周转率、应收账款账龄、供应商付款周期等 12 项核心指标，并通过动态阈值模型自动发出预警。例如，当某区域经销商的销售额环比下降超过特定百分比时，系统会立即将其标记为“潜在坏账风险”，同时冻结该渠道的信用额度，并推送定制化的催收方案。

运行 3 个月后，该企业的库存周转效率提高了 25%，逾期账款占比从 18% 降至 4.7%，现金流健康度跃居行业前 20%。财务总监感慨道：“现在不是我们在追着风险跑，而是系统推着我们提前布防。”

通过 DeepSeek 的实时数据穿透与智能预警，企业实现了风险管控从事后灭火到事前防控的转变，印证了智能系统在提升财务稳健性上的核心价值。

DeepSeek 重新定义了财务风险管理的基础逻辑——从依赖历史数据的被动防御，转向基于实时洞察的主动治理。当企业将这种能力融入预算编制、投融资决策、供应链管理等核心环节时，便构建起抵御市场波动的“数字免疫系统”，在不确定性中巩固发展根基。

第八章

销售流程自动化：DeepSeek 帮助制定高效营销策略

营销自动化：DeepSeek 助力低成本高效营销

传统营销模式通常依赖人工执行重复性任务，如邮件推送、社交媒体运营和客户跟进。这种方式不仅效率低下，还导致成本高昂。而 DeepSeek 通过自动化技术重新定义营销流程，实现了“机器处理事务性工作，人力专注策略性创新”的良性循环。

全渠道自动化触达。DeepSeek 整合企业官网、社交媒体、邮件等多渠道数据源，构建统一的客户画像库。系统基于客户行为数据（如页面停留时长、商品点击频次），自动划分用户价值等级，并推送差异化的营销内容。例如，针对移动端活跃用户，优先推送短视频广告；对 PC 端深度浏览者，则自动触发在线客服邀请；对于邮件打开但未点击的用户，转入短信进行二次触达。

动态内容生成与优化。系统利用自然语言处理技术，自动生成适配不同平台的营销内容。例如，根据短视频平台用户的偏好生成短视频脚本；针对商务群体，输出行业白皮书摘要。同时，系统实时监测内容互动数据（如点击率、转发量），并根据反馈动态调整文案风格与发布节奏，实现内容的持续优化。

智能预算分配。DeepSeek 建立了“效果—成本”双维度评估模型，实时监控各渠道的投放效果。当检测到某搜索引擎的单次点击成本（CPC）超过设定阈值时，系统会自动将预算向社交媒体倾斜；若发现线下活动的转化率骤降，则立即启动线上直播作为补救方案。

通过这些措施，DeepSeek 有效地提高了营销效率，降低了运营成本，为企业创造了更多价值。

某区域性生鲜电商平台曾面临营销成本与转化效率失衡的困境。该企业拥有 12 万注册用户，但每月营销成本过高，促销信息的打开率很低，设计团队将 80% 的精力耗费在机械化的内容生产上。深入的数据分析显示，其营销体系存在三重断裂：盲目推送导致大多数优惠券被用户直接删除，而真正需要优惠刺激的“加购未支付”群体仅有少部分获得定向触达；用户分层仅按消费金额划分，未能识别“育儿家庭”“夜间冲动消费”等有价值的群体；内容生产仍停留在人工套用模板的阶段。

DeepSeek 的介入构建了数据驱动的营销中枢。系统首先整合了 App 浏览日志、支付数据、客服对话等十多个数据源，建立了包含上百种动态标签的用户画像体系，精准识别出“品质敏感型（如经常点击产地溯源视频）”和“育儿家庭（如定期购买辅食原料）”等关键群体。

基于此，智能引擎从三个维度重塑了营销链路。

内容生成层：为“育儿家庭”用户自动推送包含其历史购买食材的辅食制作指南，为“品质敏感型”用户生成附带农残检测报告的话术。

渠道适配层：根据用户设备型号自动裁剪海报尺寸，并结合浏览偏好匹配视觉模板，如针对热带水果购买者优先展示果园实拍画面。

效果优化层：通过实时 A/B 测试，在 30 分钟内锁定最优方案，并动态调整预算分配。

经过 3 个月的实施，企业的营销体系实现了结构性升级：单用户触达成本显著降低，促销活动的打开率有所提高，用户月均复购次数更是实现了翻倍增长。

DeepSeek 驱动的营销自动化技术，正在重塑企业成本控制与效能提升的底层逻辑。传统“广撒网式”营销的本质缺陷在于资源错配与响应迟滞，而 DeepSeek 通过构建智能中枢实现了三重突破。

数据整合能力打破信息孤岛。将分散的用户行为、消费记录、环境变量等异构数据熔炼成为动态标签体系，使“育儿家庭”“品质敏感型”等高价值群体从混沌数据中显现。

智能生成引擎超越机械式内容生产。基于用户实时场景（如天气变化、设备型号、浏览轨迹）自动适配营销物料，使每条推送都成为精准命中的“数据子弹”。

动态优化机制构建营销闭环。通过毫秒级 A / B 测试与预算智能调配，让资源配置始终向最高 ROI 渠道倾斜。

这种技术赋能的本质，是将经验驱动的粗放运营升级为算法主导的精密工程，揭示出营销自动化绝非简单工具迭代，而是企业增长范式的结构性变革。当 DeepSeek 建立起“数据越用越精准、成本越用越集约”的良性飞轮，企业便获得了持续降本增效的“永动机”，这正是数字化时代构建营销竞争力的核心密码。

销售话术优化：生成个性化销售话术

在信息化时代，标准化话术的局限性日益显现，而个性化沟通能够显著提升成交率。DeepSeek 的话术优化系统通过四层智能架构实现精准沟通。

全域知识图谱构建打通企业内外数据源，收集合同文档、技术手册、行业报告等资料，建立数千万级的实体关系网络。当客户询问“耐高温材料性能”时，系统自动关联 ASTM 测试标准与竞品对比数据；对于客户提及的“急单需求”，系统同步预警交货风险，并生成“加急附加费说明”话术模块，从而大幅降低法律纠纷率。

DeepSeek 具备对情绪和意图进行双维分析的能力，并结合声纹识别与语义解析技术，在对话的前几分钟即可完成客户画像。系统通过语速波动、否定词密度等多重特征判断客户的决策阶段——当客户反复询问“售后服务政策”时，自动推送 VIP 服务协议；识别出对“交货不准时”的抱怨后，立即强化“准时交付率”承诺。

动态策略生成器根据企业规模和决策链角色定制沟通方案：向小微企业主推送“零首付 + 账期灵活”组合，为集团客户定制“战略合作框架 + 行业标杆案例”方案，并自动为复购客户推荐配套耗材。

实时进化机制通过强化学习不断优化话术策略。系统每天分析数万条沟通记录，聚类提取如“终身质保”和“48 小时试样”等高转化率的话术模块。当某类话术连续失效时，系统将在 72 小时内启动 A / B 测试，以生成替代方案。这种动态进化能力使企业始终掌握市场沟通的主动权，将销售团队的语言效率转化为直接的商业价值。

某工业设备制造企业曾因销售话术僵化导致客户流失率居高不下。该企业产品线覆盖数控机床、自动化生产线等高端装备，客户群体涵盖小微企业主、集团采购总监、跨国企业技术专家等多类决策者。传统销售团队使用统一标准话术沟通时，常出现“技术型客户嫌讲解太浅、成本敏感型客户觉得方案冗余”的尴尬局面，新客户转化率长期徘徊在 12% ～ 15%。引入 DeepSeek 智能话术系统后，企业通过技术架构实现了精准沟通：整合 CRM 系统中的历史订单、客户咨询记录、售后服务反馈等数据，结合外部行业研报构建装备制造知识图谱，形成包含上千个技术参数、几百种应用场景和决策痛点的动态数据库。当销售代表接触新客户时，系统实时扫描客户官网信息、公开采购招标文件、社交媒体动态等外部数据，5 秒内生成包含“客户行业痛点匹配度分析”“竞品方案对比雷达图”“决策链角色偏好预测”的三维画像。

在服务复购场景中，DeepSeek 的表现尤为显著。当某老客户咨询数控系统升级服务时，系统自动关联该客户过去 5 年的维保记录，发现其 3 台设备即将超过质保期，于是立即生成“以旧换新优惠包 + 延保服务组合”的话术策略，并嵌入设备利用率分析报告（显示升级后加工效率可提高 22%）。销售人员在沟通中同步调取客户生产车间的实时能耗数据，演示升级方案的投资回收期测算模型，最终推动服务续约率从 58% 跃升至 89%。这套系统通过每日分析 17 万条沟通记录，持续优化话术策略——当发现“快速试样”话术在长三角客户群中转化率比华北地区低 34% 时，自动调整为“免费驻厂调试”承诺，使区域差异缩小至 9%；当某类话术连续 3 周失效，系统将在 48 小时内启动 A/B 测试生成替代方案，保证策略库的动态适配性。实施 2 个月后，该企业销售团队新人培训周期从 6 个月缩短至 18 天，客户首次响应时效提升至 8 分钟内，高价值客户留存率增长 2.3 倍，验证了个性化沟通对企业增长的核心驱动力。

DeepSeek 的个性化销售话术优化技术，本质上是将企业从“经验型推销”引导至“数据驱动智销”的新范式。某工业设备企业的实践表明，通过深度整合客户历史数据、行业知识图谱及实时动态信息，构建三维客户画像，可以精准捕捉决策链各环节的核心诉求，使销售沟通从“广撒网式”转型为“外科手术式”的精准触达。未来，随着多模态交互技术的不断发展，销售话术优化将突破文本的局限，向语音情感分析和视觉场景适配等多维度深化，最终实现“千人千面”的全息沟通体验，为企业构建难以复制的客户关系壁垒。

销售策略：DeepSeek 智能化销售策略与决策

DeepSeek 在销售策略中的核心作用是将“数据资产”转化为“决策动能”。传统的销售策略制定通常依赖经验判断和有限的市场调研，而 DeepSeek 通过整合企业内外部数据（如客户交易记录、市场动态、竞争对手情报），构建动态决策模型，成功实现了以下三大关键突破：实时性（能够每小时更新市场趋势）、颗粒度（细化分析到单个客户的购买偏好）、预测性（提前预警可能的销售波动）。

其技术路径可分为三个阶段。首先，通过自然语言处理技术（NLP）抓取全网公开数据（包括政策文件、社交媒体舆情、行业报告等），生成市场热力图；其次，利用机器学习算法对历史销售数据进行归因分析，识别出影响销售额的核心变量（如天气因素、促销力度、库存周转率）；最后，通过强化学习模拟不同策略组合的经济效益，生成最优方案。市场热力图数据及文字报告的具体内容如图 8-1 所示（由于图片较长，仅截取部分）。

该企业接入 DeepSeek 后销售策略提升报告

报告概述

本报告展示该企业在接入 DeepSeek 后，如何通过自然语言处理技术抓取全网公开数据（包括政策文件、社交媒体舆情、行业报告），生成市场热力图，并基于热力图优化销售策略。通过 DeepSeek 的数据支持，企业能够精准定位市场热点、洞察用户需求、优化产品布局，从而提升销售业绩。

1．数据抓取与分析流程

（1）数据来源

- **政策文件：**政府官网、行业监管机构、国际组织报告。
- **社交媒体舆情：**微博、微信、知乎、抖音、Twitter、Facebook 等。
- **行业报告：**咨询公司报告、学术论文、行业协会发布。

（2）NLP 技术应用

- **关键词提取：**识别政策、舆情、报告中的核心关键词。
- **情感分析：**判断舆情中的用户情感倾向（正面、负面、中性）。
- **主题建模：**通过 LDA 模型识别高频主题，如“数字化转型”“碳中和”“供应链安全”等。
- **实体识别：**提取企业、产品、技术、政策等实体信息。

（3）数据整合与可视化

- **数据整合：**将抓取的数据按时间、地域、行业等维度分类。
- **热力图生成：**通过 DeepSeek 平台生成市场热力图，直观展示市场热点、政策趋势及舆情变化。

2．市场热力图展示

（1）政策热点热力图

- **时间范围：**2023 年 10 月
- **热点区域：**
  - **华东地区：**
    关键词：“数字化转型”“智能制造”“绿色能源”。
    政策文件：《上海市数字经济促进条例》《江苏省智能制造行动计划》。
  - **华南地区：**
    关键词：“跨境电商”“供应链安全”“大湾区建设”。
    政策文件：《广东省跨境电商高质量发展行动计划》。
  - **华北地区：**
    关键词：“碳中和”“新能源”“京津冀协同发展”。

图 8-1　销售策略提升报告

某区域连锁超市曾面临核心品类销售额连续 6 个月下滑的困境。传统分析认为“竞品低价冲击”是主要原因，但 DeepSeek 通过交叉验证 POS 数据、天气数据和社区活动日历，发现真正的症结在于定价策略与消费场景的不匹配。系统挖掘出两个关键规律：第一，工作日下午 4～6 点老年顾客占比超过一半，他们对生鲜品类的价格敏感度显著高于年轻客群；第二，周边写字楼的白领在暴雨天气下的速食类商品购买量显著增加，但现有定价策略未能体现天气相关性。

基于此，DeepSeek 提出了分层定价方案：在工作日下午 3 点自动启动“银发特惠”，对精选的部分高频生鲜商品进行适当降价，并通过电子价签实时调整价格。同时，DeepSeek 还建立了天气联动定价模型。当气象局发布暴雨预警时，超市会立即下调方便面、自热火锅等商品的毛利率，并推出雨具组合销售方案（如雨伞加速食套餐的优惠组合）。实施 2 个月后，该超市的目标品类销售额显著回升，库存周转速度也得到提升。这一案例充分展现了智能化策略的核心优势：能够在微观场景中捕捉传统分析手段难以察觉的盈利机会。

DeepSeek 不仅带来了效率的提高，更推动了商业思维的进化。当企业能够实时掌握“哪些客户因价格流失”“哪个 SKU 的陈列位置导致坪效浪费”“什么天气组合催生了新的消费场景”，决策者就能从“经验驱动”转向“数据导航”。这一转变有效打破了部门壁垒——销售数据直接触发供应链调整，门店反馈即时优化算法模型，形成“决策—执行—反馈”的增强循环。

然而，值得注意的是，智能化系统并非万能钥匙。AI 的价值在于提供经过验证的选项，而非替代人类的判断。未来，企业需要构建“人机协同”机制——由 DeepSeek 负责挖掘多个可行方案，人类决策者从中选择并进行战略校准。这种协同既能避免数据盲区，又能抑制主观臆断，确保决策的科学性与灵活性。

总而言之，DeepSeek 通过数据整合、预测分析和客户洞察等功能，为企业提供智能化的销售策略支持。合理利用 DeepSeek 的功能，企业能够制定更精准的销售策略，从而提升业绩与市场竞争力。

销售流程智能化：构建高效 DeepSeek 销售系统

DeepSeek 对销售流程的智能化改造本质上是数据驱动决策的工程化落地，其核心是通过三层技术架构实现全流程重塑。第一层是全域数据整合。系统自动对接企业的 CRM、ERP、电商平台等数据源，实时归集客户行为、订单记录、供应链动态等数据，构建跨部门的数据湖。第二层是智能决策中枢。依托深度强化学习算法，系统能够模拟上万种销售策略组合的经济效益，并基于实时市场数据动态优化方案。第三层是自动化执行网络。当决策生成后，系统直接触发邮件营销、价签更新、物流调度等执行指令，显著缩短跨部门协调时间。

这种架构带来了三个维度的提升：在时效性方面，DeepSeek 显著提升了销售策略的响应速度；在精准度方面，系统能够识别单个 SKU 在特定商圈的最佳定价区间；在成本控制方面，自动化流程在减少人力投入的同时，提高了销售转化率。技术底层依托三大创新：自然语言处理用于非结构化数据解析，图神经网络（GNN）挖掘客户关系网络的潜在价值，数字孪生技术构建虚拟销售场景以进行策略预演。

某工程机械制造商曾面临销售周期较长（平均 92 天）和客户流失率较高（首访转化率仅为 11%）的困境。DeepSeek 介入后，对其销售漏斗进行了全面重构。在线索挖掘阶段，系统通过抓取全网招标公告、企业年报等公开数据，并结合设备工况的物联网数据（如某型号挖掘机在高原地区的故障频次），自动生成覆盖 500 公里半径范围的潜在客户清单，其线索的有效性相比人工筛选提高了 3 倍。在客户触达环节，人工智能根据目标企业的属性（如建筑资质等级和既往采购记录）生成定制化方案。例如，针对频繁参与铁路建设招标的客户，系统会推送隧道专用设备的性能参数对比图，从而更精准地满足客户需求。

在需求转化的关键节点，DeepSeek 展现出颠覆性的价值：当客户咨询液压系统配置时，系统能够即时调取该区域同类设备的维修记录（显示雨季液压故障率增加 27%），自动生成包含防潮配置升级方案的报价单，并将典型故障场景制作成交互式 3D 演示。更为突出的是智能议价系统，通过分析客户采购负责人的决策风格（如对技术参数的敏感度、价格谈判的底线），动态调整让步策略——面对技术导向型客户，优先承诺免费培训服务；对于成本敏感型客户，则提供分期付款方案。

DeepSeek 带来的不仅是效率的提高，更是销售哲学的重构。当系统能够实时捕捉微观信号时，企业实现了从“经验驱动”到“数据导向”的质变。这种能力使销售策略具备如同生物体般的适应性，形成“环境感知—策略生成—执行反馈”的增强闭环。

更深层次的变革在于组织能力的升级。智能系统的真正价值并非替代人类，而是通过将重复劳动自动化（如报价单生成、数据清洗）、复杂决策可视化（如客户价值分层图谱）、隐性知识显性化（如谈判话术优化建议），使人力资源能够专注于更高价值的创造性工作。未来企业的核心竞争力，将取决于其能否快速构建“AI 消化数据—人类把控方向”的协同机制，这正是 DeepSeek 正在书写的商业新范式。

结语

赋能企业未来，迈向降本增效全新高度

在当今的商业环境中，降本增效已成为企业生存与发展的关键命题。DeepSeek 作为人工智能领域的杰出代表，以其强大的技术能力和创新的应用模式，为企业降本增效带来了全新的可能。它犹如一座智慧灯塔，照亮了企业在复杂商业海洋中前行的道路，助力企业穿越迷雾，驶向成功的彼岸。

站在技术爆炸与管理哲学交汇的十字路口，我们需要清醒地认识到：智能工具的价值不在于替代人类，而在于释放管理者被琐碎事务禁锢的创造力。假设当 DeepSeek 自动处理 80% 的常规决策时，管理者得以将精力聚焦于那 20% 的战略性创新；当算法推演出上千种市场情景模拟时，商业直觉才能在最关键的岔路口闪耀价值。这种“人机共生”的新型生产关系，正在缔造管理史上的“寒武纪大爆发”。AI 带来的算法与数字的背后，是一场静默却深刻的生产力革命。

然而，真正的挑战才刚刚开始。当企业跨越数据采集与算法部署的门槛后，将直面更深层次的转型命题：如何在效率至上的原则与组织人文价值之间取得平衡？这要求管理者建立新的价值坐标体系——以“算法伦理”重构责任边界，用“数字包容”重塑组织文化，在算力与人性之间寻找动态的平衡点。那些成功穿越这道“达尔文海峡”的企业，终将进化出独特的数字文明基因：既保有工业时代的严谨体系，又兼具数字时代的进化弹性，同时孕育着智能时代的创新突变能力。

展望未来 10 年，世界经济格局的重塑速度将呈指数级增长。当 DeepSeek 将供应链韧性建模为可计算的风险熵值，当成本控制转化为动态优化的数学命题，当战略决策演化为持续迭代的智能体训练——那些率先掌握这套新语言的企业，正在将每场危机淬炼为重构行业秩序的利器。它们不仅重新定义了成本与效率的边界，还将缔造一个全新的竞争维度：用数据密度对抗资产规模，以决策速度应对市场波动，靠智能精度重塑商业护城河。

站在人类智能与机器智能共舞的黎明时刻，让我们以更大的勇气拥抱这场管理革命。当企业借助 DeepSeek 穿越降本增效的“量子隧道”时，等待它们的不再是冰冷的数字世界，而是一个充满无限可能的新大陆——在那里，每项决策都有数据星图的指引，每场危机都蕴藏着价值跃迁的密钥，每次转型都是通向星辰大海的引力弹弓。

如今的时代，是传统管理模式的黄昏，更是智能商业文明的黎明。愿本书成为您征服这片新大陆的星舰引擎，帮助企业在浩瀚商海中，以降本增效为帆，以智能决策为舵，驶向基业长青的永恒彼岸。